物权行为概念史
——韩国民法学界的物权行为争论理论起源

朴常赫 著

中国政法大学出版社

2023·北京

声　明	1. 版权所有，侵权必究。
	2. 如有缺页、倒装问题，由出版社负责退换。

图书在版编目（CIP）数据

物权行为概念史：韩国民法学界的物权行为争论理论起源/(韩)朴常赫著. —北京：中国政法大学出版社，2023.10
　ISBN 978-7-5764-1206-2

　Ⅰ.①物…　Ⅱ.①朴…　Ⅲ.①物权法－研究－韩国　Ⅳ.①D931.263

中国国家版本馆 CIP 数据核字(2023)第 254000 号

出　版　者	中国政法大学出版社
地　　　址	北京市海淀区西土城路 25 号
邮寄地址	北京 100088 信箱 8034 分箱　邮编 100088
网　　　址	http://www.cuplpress.com（网络实名：中国政法大学出版社）
电　　　话	010-58908586(编辑部) 58908334(邮购部)
编辑邮箱	zhengfadch@126.com
承　　　印	北京中科印刷有限公司
开　　　本	880mm×1230mm　1/32
印　　　张	6.375
字　　　数	180 千字
版　　　次	2023 年 10 月第 1 版
印　　　次	2023 年 10 月第 1 次印刷
定　　　价	49.00 元

前言

本书大体是由物权行为法史学考察和韩国民法界展开的有关物权行为的争议考察两大部分构成的。序论中提出了问题,并就研究方法展开了论述,第一章到第四章则对物权行为进行了法史学上的论述。并且,在第五章中讨论了韩国民法界展开的有关物权行为的争论及笔者的相应见解,最后以结论结束。

在序论中笔者提出了如下问题,即现存的韩国民法界提出的有关物权行为的问题是否因为其立法上的缺陷,从而导致无法对物权行为概念作出一致的解释。此外,本书主要运用了法史学的考察方法,考察物权行为概念的成立过程和立法过程,明确物权行为具有的本质特征和功能,从而为解决争论提供了基础。

第一章对罗马法物权变动的法理进行了考察。在这里,考察的中心主要是罗马法中物权变动方式以及其中的让渡(traditio)。并且讨论了让渡和占有的关系、占有和"原因"(causa)的关系,以及让渡的"原因"等内容。

第二章内容包括中世纪法学的方法论——经院方法论,以及使用该方法论的中世纪法学者们对于罗马法中"原因"的体系性研究内容。同时,特别对中世纪法学者们对有关所有权转移中让渡的"误想原因"和作为约束力根据的原因相关研究进行了考察。通过这个工作，试图了解"原因"从让渡中完全分离出来，并逐渐进入债权领域的过程。

第三章考察了与罗马法具有不同法律传统的日耳曼法中固有的所有权变动相关法理，以及通过该传统形成的不动产所有权让渡合意（auflassung）制度和登记制度的成立过程。并且，回顾了在借鉴罗马法基础上的日耳曼法系中债权概念是如何构成的，然后，考察了罗马法中"原因"概念被编入"titulus-modus"（名义—方式）理论中titulus（名义）的过程。最后，探究了德国近代法中"titulus-modus"（名义—方式）理论的变迁过程，以及对该理论的批判。

第四章则探讨了萨维尼对"titulus-modus"（名义—方式）理论的批判以及代替该理论的物权行为理论的诞生。特别是明确了萨维尼的法律行为论在物权行为论中的应用，并在此基础上考察了无因性物权行为的构成。同时，也考察了对萨维尼物权行为理论的批判和该理论在现代德国法的立法化过程。

第五章则考察了韩国民法的成立过程，以及德国民法中所有权变动的相关规定和理论作为韩国民法解释论所占据的重要地位。并且，把韩国民法界展开的以物权行为为中心的争论分为物权行为构成要素的相关争论、物权行为独自性争论以及物权行为无因性争论，然后考察了相应的肯定说与否定说，并提出了笔者的观点。

最后，本书得出了以下结论，并以此结束。即上述的相关讨论应当从探讨物权行为概念的现实必要性这一功能性层面展开。

目 录

前　言 ·· 001
序　论 ·· 001
 一、问题的提出及选题的意义 ······················ 001
 二、研究方法和范围 ······························ 004

第一章　关于罗马法的物权变动
——以正当原因为中心 ·························· 007
 第一节　关于罗马法的物权变动 ······················ 007
  一、绪论 ······································· 007
  二、罗马法中的所有权转移方式 ···················· 009
 第二节　罗马法中占有与所有权的关系 ················ 015
  一、外表上的占有形式与占有 ······················ 015
  二、市民法上的占有的成立及其与所有权的关系 ······ 018
  三、市民法中占有的心素与正当原因 ················ 019
 第三节　所有权变动上的让渡与正当原因 ·············· 021
  一、通过让渡的所有权转移和市民法上的占有 ········ 021
  二、罗马法上的"原因"（causa）和所有权转移中的
    正当原因 ·································· 025

第二章 中世纪法学上的"原因"（causa） ………… 045
第一节 经院哲学对中世纪法学的影响 ………… 045
一、绪论 ………………………………………… 045
二、关于中世纪法学的概述 ……………………… 046
第二节 对于中世纪法学上的"原因"（causa）研究 ……… 060
一、绪论 ………………………………………… 060
二、关于所有权转移以及误想原因 ……………… 061
三、作为约束效力根据的"原因"（causa）：原因论的
形成 …………………………………………… 065

第三章 日耳曼法的物权变动和"titulus-modus"（名义—方式）理论的形成及其立法化 ………… 078
第一节 在日耳曼法上的物权变动 ………… 078
一、绪论 ………………………………………… 078
二、传统日耳曼法的物权变动和等级制度 ……… 079
三、登记制度的产生和变化 ……………………… 084
第二节 日耳曼法和罗马法结合形成的特有的债权概念
——jus ad rem（对物的权利） ………… 090
一、契约（sala）和 investitura 的权利内容 ……… 090
二、libri feudorum 中的 investitura 和 jus ad rem 的出现 … 093
第三节 "titulus-modus"（名义—方式）理论的成立和立法化 …… 098
一、"titulus-modus"（名义—方式）理论的成立 ……… 098
二、"titulus-modus"（名义—方式）理论的立法化和
普鲁士普通邦法制定 …………………………… 100

三、后期普通法学中"titulus-modus"（名义—方式）
　　理论的批判 …………………………………………… 109

第四章　萨维尼对"titulus-modus"（名义—方式）理论的批判以及物权行为理论的确立 …………… 112

第一节　潘德克顿体系的形成以及萨维尼的法律行为论 …… 112
一、潘德克顿体系的形成概况 ………………………………… 112
二、萨维尼的法律行为论 ……………………………………… 116

第二节　对现存"titulus-modus"（名义—方式）理论的批判 …… 120
一、提出关于"titulus-modus"（名义—方式）理论的问题 … 120
二、对萨维尼"titulus-modus"（名义—方式）理论的
　　批判性见解 …………………………………………… 121

第三节　萨维尼物权契约理论的形成与批判性见解 ………… 123
一、萨维尼物权契约理论的出现 ……………………………… 123
二、萨维尼的物权行为论 ……………………………………… 126
三、萨维尼抽象物权理论的批判性发展 ……………………… 130

第四节　无因性物权契约理论在立法上的表现 ……………… 135
一、普鲁士土地所有权取得法（preußischen
　　eigentumserwerbsgesetz，EEG）的成立 ……………… 135
二、德国民法上的无因性物权契约理论的立法确立 ………… 137

第五章　关于韩国民法中物权行为的讨论 …………………… 142

第一节　对韩国民法中物权变动规定的立法过程的概括 …… 142
一、对现行韩国民法形成过程的概括 ………………………… 142
二、物权变动的立法及对此的解释论问题的出现 …………… 144

第二节　有关德国民法中的物权行为规定的概观 …………… 146
　一、einigung 和 auflassung——物权行为 ……………… 146
　二、有关不动产物权变动的《德国民法典》规定及其他
　　　立法的具体内容 ………………………………………… 147
　三、分离原则与抽象性原则 ………………………………… 150
第三节　关于物权行为概念与其构成要素 …………………… 154
　一、绪论 ……………………………………………………… 154
　二、关于物权行为的概念 …………………………………… 155
　三、物权行为的构成要件——与公示方法的关系 ………… 157
第四节　物权行为与债权行为的关系论 ……………………… 164
　一、物权行为独立性 ………………………………………… 164
　二、物权行为无因性 ………………………………………… 174

结　论 …………………………………………………………… 184
参考文献 ………………………………………………………… 190

序　论

一、问题的提出及选题的意义

关于物权变动,《韩国民法典》第 186 条规定"物权得失变更作为与不动产有关的法律行为,必须进行登记才能生效",第 188 条第 1 款规定"与动产有关的物权让渡必须进行让渡才能生效"。对第 186 条的"法律行为",第 188 条第 1 款"让渡"的解释是不是对物权行为的承认？如果承认物权行为的概念,那么物权行为是与债权行为相互独立完成,还是与债权行为同时完成？如何看待物权行为与登记等公示行为的关系？如果物权行为是与债权行为独立完成的,那么物权行为与债权行为的法律效力是有因还是无因关系？关于这些问题的激烈争论由来已久。甚至在韩国民法界中有关物权行为的论文的作者可以直接被划分为已研究物权行为的学者与未研究物权行为的学者。由此,可以看出韩国民法界对物权行为的研究十分执着。

这种现象对于借鉴德国潘德克顿体系的韩国民法而言可能是必然的。也就是说,对于不具备自身的法律体系,需要导入其他地域法律体系的国家而言,这可能是法律本土化过程中必须经历的一个过程。特别是对韩国来说，因为其具有悲剧色彩的近现代历史，其基本的现代法体系并不是在对当时社会现实进行充分探讨和考虑的基础上自发选择的，而是移植性地被迫接受。因此，此后有许多内容并非依据韩国的实定法或制度以及对外部法律体系的概念及理论而创设，也并非积极自主地导入[1]，而是毫无批判地引入使用。对此出现许多谬误也是无法否认的。因此，笔者认为，在韩国展开关于物权行为论争的原因或许就是由此而发生的。

事实上，在现在的法律概念解释论形成之前，法律概念是通过某种沿革而独自产生、变化、发展而来的。虽然，不存在一定要根据学术史和沿革概念来进行现行法解释论的逻辑必然性的强制和外部的决断，但是，正确把握一个概念的意义，是对该概念在现实中进行实际运用及相关的解释时的一个基础性工作[2]。同时，也可以通过划清与其相关的论议和争论的界线，达到消除毫无根据争论的目的。

其实，韩国民法中的"物权行为"概念，是韩国民法在借鉴德国民法的潘德克顿体系的过程中，没有进行充分的检讨和讨论而无批判地接受的。在这个过程中，围绕韩国"物权行为"的论议和争论，主要以德国现代的物权行为相关的解释论为基础进行的，这也算是必然的结果。针对这种现象，我们可以提出以下疑问：某种被权威移植的"概念"与以现实土壤为基础而自然成立的"概念"究竟能否具有同一意义？在

---

[1] 参见［韩］尹真秀："물권행위에 관한 새로운 개념"，载《民事法学》2005年第28卷，第4页。

[2] ［韩］Seo Eul-O：《물권행위론에 관한 학설사의 연구》，世昌出版社2008年版，第4页。

序　论

这一点上，特别是就从外部引入某种概念的社会而言，在对该概念进行现实解释之前，必须就该概念到底以哪种客观土壤为基础并且通过怎样的过程成立进行沿革性考察，以此作为现实解释的基础，可以说是十分必要的。

在对这种物权行为概念进行沿革考察的过程中，需要注意的是，如果用现在的概念框架来解释过去的现象，可能会产生脱离当时意义的、以现实观点为主的概念解释，从而出现歪曲其本意的可能性。一种"概念"是在现实客观的基础上，应当时要求以及依特定概念的必要性而形成、变化和发展的。并且，这种现实客观的基础从过去到现在一直在持续地变化和发展。在这样的基础上，出现了响应当时时代现实要求的必要性的特定概念，并变化、发展。同时，这种概念由于其自身的时代性而具有本质上的局限性。因此，对于一个概念，即使现实中已经很好地进行了整理并作出便利的解释，对这种概念沿革性的考察，可以防止对某种概念任意使用，并且最大限度地在各个时代的客观基础上，通过探讨概念的产生和发展过程，尽可能地抑制极端概念的观念化，从而发现具有实际意义的概念。特别就物权行为的概念而言，一些学者将现代物权法的物权行为无因性概念直接使用于古代罗马法中，以此来说明其法理依据。这就不仅是将法律行为概念不存在且连现代意义上的契约概念也不存在时的法制，勉强插入现代的概念体系里进行解释。这种方式会歪曲该概念的本质，从而导致上述概念的法史学沿革的考察丧失解释现实概念的功能（相应概念实际性的运用和相关解释中的一种基础性工作，讨论的界线），甚至现在关于概念的论议和争论也变得毫无价值。

因此，笔者将对影响韩国民法的德国民法自成立之前的物权行为概念的成立过程按时代进行划分，在各个时代的法律现实基础上，对当时相关法理进行解释，从而追踪现代物权行为概念的发展轨迹。通过这个过程得出的物权行为概念，将会为现在进行的关于韩国有关法规的解释论的讨论提供一个标准，为有关讨论向肯定而坚实的方向发展提供基础。

二、研究方法和范围

首先，本书将通过以法史学为中心的方法来对物权行为概念的成立过程进行考察。

韩国民法继承了德国民法的潘德克顿体系。由于这种潘德克顿体系受到自然法学"追求普通实体"的影响，包含通过概念的抽象化成立法律概念的一般化。因此，在《韩国民法典》中，以法律行为概念为中心，物权行为、债权行为等一般化概念构成了民法体系的基本结构，并以这种概念为基准对现实法进行解释。从这一层面看，笔者认为在对物权行为现实的法理进行解释之前，应该首先对物权行为的概念进行考察。进而，在不否认韩国民法在成立方面是移植了外部法体系这一点的前提下对有关概念成立过程进行考察，是从侧面防止现实概念使用错误和歪曲的必要的先行工作。

因此，对于为韩国民法体系提供基本框架的德国民法中物权行为的编入过程，应该从法史学观点上优先进行考察。在这里，笔者将以与物权行为概念相关的许多其他概念组成的整体性关系为中心，对物权行为概念进行考察。作为现代法中法律行为之一的物权行为，可以理解为以物权变动为目标的处分行为。在对这样物权行为的规定中，可以发现法律行为、处分行为、意思等概念，进而它们是以债权行为、义务负担行为等概念为前提而存在。由此,为了考察物权行为概念的沿革,只有将与此有关系的概念一起说明,才可以完整把握全貌。特别是,若仔细观察契约法的发展过程,可以知道那并不是契约法自身的问题。契约法的发展过程中,契约正当性的问题就连接于由"意思"组成的法律行为概念的形成之中,进而扩大适用于物权变动的"意思"组成的所有权转移之中,形成与物权行为概念出现的关系。由此,我们将物权行为与物权契约等同视之。如上所述,自罗马法以来,物权行为的概念与作为现代民法支柱的德国民法体系中出现的许多法律概念出现在同样的脉络当中。因此,本书通过探究法律行为概念的成立并对其沿革进行法史学上的考察,对以所有权转移为主的制度变迁(以物权变动相关的制度的变迁为中心),以及对这种物权变动与契约跟现代民法的负担行为和处分行为形成关系的过程,进行从古代罗马法到现代德国法为止的法史学上的考察。

同时在这个过程中,笔者将试图确认具有相同罗马法根源的德国民法体系和法国民法体系究竟在什么阶段朝着相互独立的方向进行及其原因;确认现代物权变动的形式主义和意思主义在沿革上的差异,究竟现在德国民法的形式主义和法国民法的意思主义,是否单纯在公示方法及其相关的立法范畴具有差异;不使用法律行为或者物权行为的概念而解释的物权变动的妥当性及其实益。这将为关于物权行为概念的效用性争论提供基础。

在考察物权行为的概念之后,再考察现在韩国的物权变动相关法规及其相关物权行为的论议和论争。首先,对韩国民法界的物权变动及其相关的实定法解释论进行考察,对这种解释论当中发生的物权行为及其相关的论争进行分析。特别是在韩国民法中，关于物权行为的见解大量存在，相互间的激烈论争也持续至今，本书以这些论争的论点为中心来划分范畴，在整理各个见解之后论证其妥当性。同时，将对于这种论争的解决方法提出的代替方案进行探究，进而论证其实效性。这时，应以沿革考察得出的物权行为概念为基准来论述以上各个论点主张的实益。

第一章

关于罗马法的物权变动

——以正当原因为中心

第一节 关于罗马法的物权变动

一、绪论

在罗马法中,所有权转移的基本方式分为要式买卖(mancipatio)、拟诉弃权(in iure cessio)以及让渡(traditio)。[1]这样的所有权转移方式,基本上是以所有权转移的标的物为标准进行的分类。

在罗马早期的《十二铜表法》中,以时效取得期间为标准,物被分为不动产(res immobiles)和可动产(res mobiles)。然而,在罗马城邦国家的形成过程中,反映其社会经济特性而形成的、最具古罗马特性的物的区分方式是要式物(res mancipi)与略式物(res nec mancipi)。[2]这样的区分方式是

---

[1] 英国评论法学派经常采取另一种分类法,具体地说就是把取得的方式分为原始取得方式和传来取得方式。参见[英]巴里·尼古拉斯:《罗马法概论》,黄风译,法律出版社2010年版,第100页。

[2] [意]朱塞佩·格罗索:《罗马法史》,黄风译,中国政法大学出版社2009年版,第9页。

以其物具有的社会重要性为标准的，即分为需要公共保护的物和与个人利益相关的物。对于前者，所有权转移是通过要式行为，即要式买卖（mancipatio）与拟诉弃权（in iure cessio）方式来实现的，而对于后者，则是通过非要式行为，即让渡（traditio）实现的。

这种要式物与略式物的区分与物的所有权交付方式直接相关，但这种区分由于罗马的经济、社会结构的变化而逐渐失去了实效性。布匿战争胜利后，罗马的实力迅速膨胀，开始向意大利半岛以外扩张。这种变化引起了罗马国家经济结构的变化，使罗马从农业国家转变为贸易商业国家。

共和国后期，裁判官可以允许以让渡方式取得要式物的人得以享有所有的实际权利。[1]也就是说，依据"普布利西安之诉"（actio pupliciana）[2]，不通过要式买卖占有要式物的人，其所有权同样可以被认定，故要式买卖的必要性大幅下降。这使得让渡与要式行为之间的差异被缩小，因此在所有权转移方式的标准中，要式物与略式物的区分丧失了实际意义。此后，要式物与略式物的区分名存实亡，到尤士丁尼皇帝（Flavius Petrus Sabbatinus Justinianus，483~565年，以下称为"尤帝"）时期被废止。[3]与此同时，在尤帝法上，作为所有权转移方式的要式买卖与拟诉弃权也消失了，而只有让渡与时效取得

---

[1] [韩] Seo Eul-O：《물권행위론에 관한 학설사의 연구》，世昌出版社2008年版，第17页。

[2] "这种诉讼可能有利于两种占有人。一类是'善意占有人'（bona fide possessors），二类是'善意所有人'（bonatary owner）。"参见 [英] H. F. 乔洛维茨、巴里·尼古拉斯：《罗马法研究历史导论》，薛军译，商务印书馆2013年版，第342页。

[3] [英] 巴里·尼古拉斯：《罗马法概论》，黄风译，法律出版社2010年版，第99页。

第一章　关于罗马法的物权变动——以正当原因为中心

（usucapio）得以保存。特别是让渡，在此后继续作为所有权转移的核心方式受到关注。

二、罗马法中的所有权转移方式

（一）要式买卖（mancipatio）[1]

要式买卖的仪式需要五名以上的成年罗马市民作为证人和一个带着铜秤的称量者（libripens）。买受人握着铜块说："根据罗马法此物是我的，我用这块铜和这把铜秤将它买下。"然后用铜块敲秤，并将铜块转给出卖人，好似支付价金。（Gai. 1. 119）[2]通过这种形式完成所有权的转移。这样的要式买卖起源于金属货币开始使用前，以铜为支付手段进行的买卖活动。原本，要式买卖是一种称量相当于物的价值的铜作为支付手段而进行的现物买卖活动。[3]

随着社会的发展，在这种以现物买卖为中心的交易以外又出现了新的买卖形式。在《十二铜表法》中已经出现了不立即支付全部买卖代价的买卖方式，亦即出现了能够通过担保行为（债务引受、入质）延期支付的买卖。（《十二铜表法》第7表第11款）[4]这样的现象使人们形成买卖形式与买卖实质

---

［1］ 有的书将mancipatio翻译称"握取行为"。但在这论文中使用"要式买卖"。

［2］ ［古罗马］盖尤斯：《盖尤斯法学阶梯》，黄风译，中国政法大学出版社2008年版，第32页。

［3］ ［韩］서을오：《물권행위론에 관한 학설사의 연구》，世昌出版社2008年版，第18页。

［4］ "卖渡然后……被让渡的物品，如果不是在买受人向卖渡人支付代金或用其他手段来满足的情况，也就是，通过债务引受人或质的设定满足的情况以外，买受人则无法取得物品。"参见［韩］崔秉祚：《로마법研究（I）》，首尔大学出版部1995年版，第20页。

可以分离的观念，要式买卖变成了一种独立的买卖形式。

公元前4世纪前后，金属货币出现后，要式买卖通过一枚硬币即可成立。这种要式买卖作为象征性的买卖（mancipatio nummo unus）或单纯的清算行为（imaginaria venditio）大为扩散。

要式物作为具有社会重要性的物品，其所有权的转移也要求社会具有严格的统制性。要式物的此种特性要求其通过严格和公开的方式能够进行所有权转移，这种方式即要式买卖。

要式买卖从现物买卖变成象征性的买卖[1]，这种方式逐渐成为买卖形式。以后这一形式的使用范围超过了买卖。不仅是在买卖进行中，在遗赠和要式口约的交付中也是通过要式买卖这一形式进行的，甚至家庭法中也使用了这一形式。例如，夫权是通过婚姻成立的，而更为普遍的婚姻方式则是买卖婚（coemptio），在买卖婚（coemptio）中，家父使其女儿归属于即将成为其丈夫的夫权下，而这也是通过要式买卖实现的。[2]收养其他家庭的家子（adoptio）是由原家父通过三次要式买卖放弃对其家子的父权后，再通过拟诉弃权向新的家父让渡其父权。[3]家子从父权中解放（emancipatio），也是首先由原家父

---

[1] Gai. 3. 173 "还有另一种秤铜式象征的买卖。在某些情况下允许这样做，比如：某人因秤铜式交易而负债，或者已决案（ex iudicati causa）而负债。" 参见［古罗马］盖尤斯：《盖尤斯法学阶梯》，黄风译，中国政法大学出版社2008年版，第189页。

[2] Gai. 1. 113 "买卖婚是通过握取行为（mancipitio），即通过一种虚拟的买卖，使妇女归属夫权。" 参见［古罗马］盖尤斯：《盖尤斯法学阶梯》，黄风译，中国政法大学出版社2008年版，第31页。

[3] ［意］彼德罗·彭梵得：《罗马法教科书》，黄风译，中国政法大学出版社2005年版，第89页。

第一章 关于罗马法的物权变动——以正当原因为中心

通过三次要式买卖向第三者出卖家子后,再由第三者解放其家子而完成的。[1]为了取得劳动力、侵权责任及担保责任而将家子置于他家父的受役状态(mancipium),此中情况下的家子转移也是通过要式买卖实现的。(Gai. 1. 117)[2]

这种要式买卖的效力具有现代意义上的无因性(abstrakt)的特征。[3]因此,虽然在这种过程中存在其法律关系发生原因上的瑕疵,但是由于这一转移已经通过法定形式成立,就具有法律效力,所以此种情况不能依靠所有权返还诉讼(res vindicatio),而应通过不当得利返还诉讼(condictio)加以解决。

(二)拟诉弃权(in iure cessio)

从名称即可看出,拟诉弃权来源于初期罗马法的法律诉讼中的物权诉讼。"ius"意为法务官主持的法庭,"cessio"意为转移,因此,"in ius cessio"即在法务官主持的法庭上进行的转移。[4]拟诉弃权是在执法官面前借用返还请求诉讼的形式而进行的。如果扮演请求人的出卖人在诉讼中未对买受人的权利主张

---

[1] Gai. 1. 132 "为了摆脱尊亲属的支配权,儿子需要经过三次握取行为,……《十二铜表法》写道:如果父亲出卖儿子三次,儿子则摆脱父亲而自由。"参见[古罗马]盖尤斯:《盖尤斯法学阶梯》,黄风译,中国政法大学出版社2008年版,第37页。

[2] "所有的子女,无论是男生还是女生,当他们处于尊亲属的支配权下时,就可以被后者按照买卖奴隶的方式(要式买卖)加以买卖。"参见周枏:《罗马法原论》(上册),商务印书馆1994年版,第253~254页。

[3] [韩]Seo Eul-O:《물권행위론에 관한 학설사의 연구》,世昌出版社2008年版,第20页。

[4] [韩]Seo Eul-O:《물권행위론에 관한 학설사의 연구》,世昌出版社2008年版,第21页。

提出异议，有关权利即归属于诉讼上的买受人。(Gai. 2. 24)[1]

要式买卖是一种"称铜式"交易，这种交易方式同样用于借贷与债务免除。与买卖一样，借贷和债务免除也是最古老的法律制度，因此，在这种法律制度中使用的要式买卖形式也是一种古老的制度。拟诉弃权是设定城市地域权以及私人间域权的唯一方法，而这两种权利是晚于农村地域权产生的，农村地域权是通过要式买卖设定的，因此，可以认为拟诉弃权是晚于要式买卖出现的。[2]

拟诉弃权可以替代要式买卖的要式物转移与让渡的略式物转移的方式。但是，拟诉弃权较之另外两种方式更为复杂，因此，到古典期前后，这一方式基本不再用于要式物转移中，而仅用于"无形物"，特别是各种权利（域权，用益权等）的转移中。因此盖尤斯认为，拟诉弃权更可能原本就是为了权利转移产生的制度。[3]这种拟诉弃权同样是无因的转移行为，因此，其程序完成后，不论其原因行为如何，都是有效的。

（三）让渡（traditio）

随着罗马社会的变化及由此带来的法制发展，所有权转移从以要式行为为主逐渐转变为以不要式行为为主。这种变化始

---

[1] "拟诉弃权以这样的方式进行：在罗马的执法官比如裁判官面前，接受物品转让的人手持物说：'我认为这个奴隶根据罗马法是我的。'在他提出要求后，裁判官询问转让物品的人是否提出反驳。如果他说不或者保持沉默，裁判官将物品判给主张其所有权的人，这叫作法律诉讼。在行省，这也可以在总督面前进行。"参见［古罗马］盖尤斯：《盖尤斯法学阶梯》，黄风译，中国政法大学出版社2008年版，第60页。

[2] ［英］H. F. 乔洛维茨、巴里·尼古拉斯：《罗马法研究历史导论》，薛军译，商务印书馆2013年版，第196页。

[3] ［意］彼德罗·彭梵得：《罗马法教科书》，黄风译，中国政法大学出版社2005年版，第162页。

第一章 关于罗马法的物权变动——以正当原因为中心

于布布里基诉权(actio publiciana)的认定。也就是说,罗马法学者认为,让渡在《十二铜表法》中虽然不是主流的交易方式,但也已经被频繁使用了[1],但是,如果要式物不通过要式行为而是通过让渡进行转移的话,市民法仍然认定出卖人拥有所有权。在此情况下,出卖人通过所有权返还诉讼(rei vindicatio)能够提起标的物的返还请求,在此情况下,法务官可以通过给买受人(善意所有者:bonitary owner)认定因出卖而让渡的物权的抗辩(exceptio rei venditiaie et traditae)或者恶意的抗辩(exceptio doli)来解决这一问题。[2]而买受人(善意占有者:bona fide possessors)丧失其占有时,通过法务官为其认定布布里基诉权,可以请求其占有的返还。[3]法务官向通过让渡取得要式物的收买人提供了与市民法上的所有者相同的保护,因此,要式物与略式物之间的差别消失了。前述古典期的要式买卖逐渐衰退,最终不再使用,而这一时期拟诉弃权也不再作为所有权转移而使用了。到尤士丁尼时期,这些所有权转移的要式行为最终被废止,传统的所有权转移方式中,只有让渡继续保留。因此,中世纪以后的法学界也认为,在罗马传统的所有权转移方式中,让渡是唯一的方式。[4]

---

[1] 江平、米健:《罗马法基础》,中国政法大学出版社2004年版,第205页。
[2] [韩]Seo Eul-O:《물권행위론에 관한 학설사의 연구》,世昌出版社2008年版,第22页。
[3] 这就是善意占有者在时效取得届满之前,占有被第三者抢夺的情况,如果他的占有转移给真正所有者的话,则无法适用布布里基诉权。参见[英]H.F.乔洛维茨、巴里·尼古拉斯:《罗马法研究历史导论》,薛军译,商务印书馆2013年版,第343页。
[4] [韩]Seo Eul-O:《물권행위론에 관한 학설사의 연구》,世昌出版社2008年版,第17页。

这种转移的外在表现形式是占有的转移。但单纯的占有转移并非所有权移转,若要通过让渡产生所有权移转的法律效果,这种让渡应具有所有权移转的正当原因。[1]盖尤斯在其《法学阶梯》中是这样解释让渡的:

> 实际上,略式物可以通过让渡(traditio)完全归他人所有,只要它们是有形的并且因此而可实行让渡。……因此,如果我把一件衣服、一块金子或者一块银子以买卖、赠与或者其他原因让渡给你,该物就立即变为你的,只要我是物的所有主。(Gai. 2, 19~20)[2]

在上述关于用让渡的非握取物转移的片段中,盖尤斯提出所有权转移的基本要件是让渡与包括买卖、赠与在内的原因。也就是说,为了产生所有权转移的法律效果,让渡必须具备占有转移及其原因。

需要注意是,所有权转移方式的让渡(traditio)问题表面上是以占有转移和正当原因为其效力要件的问题,但实质问题在于让渡,即在占有转移之中,这种占有具有何种性质。也就是说,让渡具有占有转移的表面形式,但让渡中的占有是否正当决定了让渡是否具有法律效果。

因此,讨论作为所有权转移方式的让渡,首先应考察与此相关的罗马法中的占有。

---

[1] 参见[英]巴里·尼古拉斯:《罗马法概论》,黄风译,法律出版社2010年版,第112页。

[2] 参见[古罗马]盖尤斯:《盖尤斯法学阶梯》,黄风译,中国政法大学出版社2008年版,第59页。

第一章 关于罗马法的物权变动——以正当原因为中心

第二节　罗马法中占有与所有权的关系

一、外表上的占有形式与占有

现代民法上的占有，意味着对物的实际支配，但是，罗马法中虽然也存在占有制度，但对其概念与本质并没有理论上系统性的解释，甚至连明确的基本原则也不存在。因此，占有是罗马法中最为复杂的问题之一。[1]

关于占有，乌尔比安（？~228年）认为占有应该与所有相区别，因为事实如此。占有者不总是所有者，所有者也不总是占有者。而且，占有者也会成为所有者。[2]他的此种观点被认为是关于占有的最权威观点，[3]这意味着外表上的占有形式并不总能表现所有权。也就是说，在罗马法中，外表上的占有形式与所有权并不具有必然的联系，而是独立于所有权这一概念之外的存在。如此，罗马法中的占有不同于日耳曼法中现实的占有与本权（所有权）统合的占有（gewere）的概念。而且，保罗（3世纪前半叶）对占有给出如下定义："我们取得占有须有占有之事实（corpus）与占有之意思。只凭占有之意思或占有之事实不能取得占有。"（D. 41. 2. 3. 1 保罗《论告

---

[1] 江平、米健：《罗马法基础》，中国政法大学出版社2004年版，第267页。
[2] D. 43. 17. 1. 2 乌尔比安：《论告示》第69卷"发布此令状的理由是占有应有别于所有权，因为可能发生一个人是占有却非所有人，而另一个人是所有人却非占有人的情况，还可能发生某人既是占有人又是所有人的情况"。参见［意］桑德罗·斯奇巴尼选编：《物与物权》，范怀俊、费安玲译，中国政法大学出版社2009年版，第377页。
[3] 江平、米健：《罗马法基础》，中国政法大学出版社2004年版，第267页。

示》第54卷)[1]

上述段落不是关于所有权的取得,而是关于占有的取得,亦即关于占有取得中的成立要件。为了取得占有,保有与意图应同时存在,这里的"保有"是指表面上的占有形式,而"意图"是指保有的目的和原因。取得占有必须具备心素和体素,如果不能满足二者的要件则无法取得占有。这就是保罗所说的"占有"不是单纯外表上的占有形式,而是带有"意图"的形式。由上述两个段落可知,所有权与外表上的占有形式是相互独立的存在,外表上的占有形式与意图即心素结合时,才与所有权产生关系。

从古典法开始,占有被认为是具有正当原因的占有形式。[2]这种具有"正当原因"的占有形式的转移是产生所有权转移的法律效果的让渡,并且通过这种占有形式的时效完成而实现的原始取得就是使用取得。以意图——即心素或正当原因——的有无为标准,外表上的占有形式可以具有不同范畴的意义。关于保罗所说的心素和正当原因之间到底有何种关系的问题,后文再详细论述。首先我们要理解的是,为了使外表上的占有形式能够形象地表达其所包含的所有权的事实,除了表面上的形式以外,还必须加上所有的意图和有关表征。

需要注意的是,罗马人没有合适的词语来分别表达不同的外

---

[1] [意] 桑德罗·斯奇巴尼选编:《物与物权》,范怀俊、费安玲译,中国政法大学出版社2009年版,第357页。
[2] [意] 彼德罗·彭梵得:《罗马法教科书》,黄风译,中国政法大学出版社2005年版,第208页。

第一章　关于罗马法的物权变动——以正当原因为中心

表上的占有形式，而是统一使用"占有"（possessio）一词。[1]也就是说，虽然"占有"在罗马法中包含三种相互区别的内容，[2]但都使用同样的词语。

一是被称为"自然的占有"（naturalis possessio）的外表上的占有形式。"自然的占有"与现代民法中的占有相似，即单纯的、实施上的支配标的物的占有形式，包括租赁人及保管人进行的占有形式。在罗马法中，对于与市民法中的占有不同的、不产生法律效果的外表上的占有形式，即"自然的占有"，未赋予特别的词语，[3]仅称之为naturalis possessio。[4] 二是法定占有（possessio ad interdicta），即虽然因其占有形式不具备正当原因而不能成为市民法上的占有，但通过法务官的命名可以受到保护的占有，包括允许占有者（precario accipiens）的占有、质权者的占有、入账物保管者（sequester）的占有。[5][6] 三是市民法上的占有（possessio civilis），即上

---

[1] 参见［英］巴里·尼古拉斯：《罗马法概念》，黄风译，法律出版社2010年版，第106页。
[2] ［韩］Seo Eul-O：《물권행위론에 관한 학설사의 연구》，世昌出版社2008年版，第25页。
[3] 参见［英］巴里·尼古拉斯：《罗马法概念》，黄风译，法律出版社2010年版，第106页。
[4] ［韩］Seo Eul-O：《물권행위론에 관한 학설사의 연구》，世昌出版社2008年版，第29页。
[5] ［韩］Seo Eul-O：《물권행위론에 관한 학설사의 연구》，世昌出版社2008年版，第28页。
[6] 在罗马法中，比如承租人或借用人的占有，像这种只存在体素的物品的"拥有"，则不具有占有的效力。但承认临时受让人的占有，质权债权人的占有，扣押保管人的占有。另外，到了罗马希腊时代，又添加了永佃户占有和地上权人占有。参见［意］彼德罗·彭梵得：《罗马法教科书》，黄风译，中国政法大学出版社2005年版，第207页。

面引文中所说的占有。这种占有是在外表上的占有形式具有意图（正当原因）时成立的，是所有权让与或者使用取得所需的要件之一。[1] 作为本文主题的、与所有权转移相关的占有即市民法上的占有，下面即对这种占有的成立及其与所有权的关系做一探讨。

二、市民法上的占有的成立及其与所有权的关系

外表上的占有形式虽然是作为所有权正常的、自然的、表面上的现象的事实，但仍作为与所有权独立的概念而存在。[2]

保罗所述的"一个人通过精神活动和身体活动（animo et corpore：心素和体素）取得占有；精神的活动必须是自己的；但身体的活动可以由其他人补充"。[3]

这里所说的占有即前述的市民法的占有，在此，保罗提出市民法的占有要求具有两个要素。为了所有权的成立与转移，除外表上的占有状态以外，还需要所有的意图，二者成为体素（corpore）和心素（animo），外表上的占有状态成为体素，把有关物归属于自己的意图成为心素。也就是说，外表上的占有状态，仅在存在要所有标的物的意图的时候，才被认定为赋予所有权的占有，即前述市民法的占有。

---

[1] [韩] Seo Eul-O：《물권행위론에 관한 학설사의 연구》，世昌出版社 2008年版，第26页。

[2] [意] 彼德罗·彭梵得：《罗马法教科书》，黄风译，中国政法大学出版社 2005年版，第206页。

[3] [英] 巴里·尼古拉斯：《罗马法概论》，黄风译，法律出版社 2010年版，第106页。

第一章 关于罗马法的物权变动——以正当原因为中心

如此，就罗马人而言，占有（市民法的占有）是与所有的意图相关的，是所有权的形式，同时也是所有权的全部内容。[1]因此，所有权的让与与取得就是通过市民法占有的转移——即让渡和市民法占有的维持——使用取得而成立的。所谓外表上的占有形式的事实，是与心素结合而成的市民法的占有，进而在实际上成为所有权权利的形式，[2]这样的市民法的占有，是组成所有权的成立与变动关系的一般内容的基本要素，所有权通过确保市民法的占有或转移，得以取得、维持或者转移。

三、市民法中占有的心素与正当原因

如上所述，保罗认为，市民法的占有的成立，需要体素和心素，心素作为精神的活动，是与作为身体活动的体素相对应的。此种心素是行为者的意图，即对物理占有上的主观观念和心理状态，[3]或者行使对标的物的实际控制力的意图。[4]（简单地说，心素就是这样一种心理意识："为什么、以什么目的占有其标的物？就是为了所有，我现在占有。"）

但是，在尤士丁尼时代，我们发现，自然占有表现为正当原因或占有心素缺失的占有。[5]这意味着作为市民法占有要

---

[1] [意]彼德罗·彭梵得：《罗马法教科书》，黄风译，中国政法大学出版社2005年版，第206页。

[2] [意]彼德罗·彭梵得：《罗马法教科书》，黄风译，中国政法大学出版社2005年版，第205页。

[3] 江平、米健：《罗马法基础》，中国政法大学出版社2004年版，第269页。

[4] [英]巴里·尼古拉斯：《罗马法概论》，黄风译，法律出版社2010年版，第107页。

[5] [意]彼德罗·彭梵得：《罗马法教科书》，黄风译，中国政法大学出版社2005年版，第207页。

件的心素可以被正当原因代替。通过后世法学家的研究，这种现象更为明确。此后，为了成立市民法的占有，即跟所有权变动有关的占有，正当原因替代心素成为其成立要件。

　　在此，我们需要理解正当原因究竟仅是心素的另一种表现形式，还是与心素不同的概念。其实，心素即上述的"所有"的认识（不是"使用"或"消费"的认识）。这是个人的主观意图，这种意图仅能通过外表的形式加以体现。人的主观意图，如果不存在外在的形式，其他人就无法把握其真意，因此，人们只能依靠外表的形式推断当事人的真意。如上所述，如果在外表的占有形式（即体素）上，仅在作为心素的"所有"意图存在时市民法的占有才成立的话，又出现了另一个问题：究竟如何确认心素的存在与否？如果考虑到罗马人对法的实用性态度，他们必然要求得到这一问题的现实答案，由此，我们能够发现正当原因的功能。也就是说，他们通过法律规定将现实占有的所有权转移和获得的情况（买卖，清偿，遗赠嫁资，消费借贷等），拟制为存在心素（即所有意图）。此时，正当原因即是被法定的具体情况，与这种情况有关的占有是包含心素的占有，即市民法的占有。作为市民法占有成立要件的心素，被能够拟制其心素存在的法定正当原因所代替，其克服了现实的概念限制（主观性），而仍然维持于正当原因中。如此，正当原因（克服心素的主观性）被客观地界定，避免了当事人轻易改变占有的意图（心素），排除其主观性，"任何人都不可自己改变占有的原因"（nemo sibiipse causam possesseionis mutare potest）即是上述内容的体现。[1]但是，

---

　　[1]［韩］崔秉祚：《罗马法·民法论考》，博英社1999年版，第402页。

第一章 关于罗马法的物权变动——以正当原因为中心

这里要注意的是,在罗马法中,"原因"除了表示行为者所意图的目的以外,还被用于其他多种情况,如债务的有效要件、合同当事人一方的债务履行等。[1]

第三节 所有权变动上的让渡与正当原因

一、通过让渡的所有权转移和市民法上的占有

(一)关于让渡的理论及其理解

到尤士丁尼法时期,在初期罗马法上的所有权转移方式中,让渡是唯一被认定的方式。[2]让渡的形式是法律上无色无味的行为,但具有能够在履行时按照相关情况取得法律效力的特点。[3]也就是说,让渡是单纯的占有的转移,即仅表现为表面上占有状态的转移,如果向这种状态提供作为正当原因的因素,外表上的占有状态与其正当原因的内容产生关系,从而成为市民法上的占有,而这种市民法上的占有把所有权形象化,其占有的转移就转化为所有权的转移。

盖尤斯(2世纪中叶)将让渡解释为:"实际上,略式物可以通过让渡(traditional)完全归他人所有,只要它们是有形式的并且因此而可实行让渡","因此,如果我把一件衣服、

---

[1] [韩]郑泰纶:"로마법에서의 원인론의 고찰",载《梨花女子大学法学论集》2004年第1期,第110~111页。

[2] [英]巴里·尼古拉斯:《罗马法概论》,黄风译,法律出版社2010年版,第112页;但是,当时,使用取得作为所有权的原始取得方式仍然得到认定,尤士丁尼法所规定的所有权转移方式是让渡和使用取得。本文研究的主题限制于继承取得,因此使用取得在此不作讨论。

[3] [英]巴里·尼古拉斯:《罗马法概论》,黄风译,法律出版社2010年版,第112页。

一块金子以买卖、赠与或者任何其他名义让渡给你,该物就立即变为你的,只要我是物的所有主"。(Gai. 2, 19~20)[1]在此,盖尤斯首先陈述了非握取物通过让渡可以转移其所有权。其时,握取物和非握取物仍然按照其所有权转移方式被区分开,握取物的所有权转移通过要式行为实现,即只能通过要式买卖与拟诉弃权进行。[这种物的区分和通过要式行为的所有权转移到尤士丁尼法(5世纪~6世纪)时期在法典上完全消失。]这种非握取物的让渡以买卖、赠与或其他正当原因实现所有权转移。引文中的让渡就是占有的转移,即前述外表上的占有状态,亦即自然占有的转移。而且,在这种自然占有取得买卖、赠与或其他正当原因——即自然占有转换为市民法的占有时,让渡才产生所有权转移的法律效果。他主张,为了通过让渡实现所有权转移,让渡人必须为物的真正权利者,即所有者。[2]

而且保罗认为,"通过单纯让渡(nuda traditio)不可转移所有权,仅当买卖和其他正当原因先行,由此带来的让渡随之实现,方可如此(实现所有权转移)"。(D. 41. 1. 31pr. 保罗《论告示》第31卷)[3]在此,与上述盖尤斯的观点都体现了

---

[1] [古罗马]盖尤斯:《盖尤斯法学阶梯》,黄风译,中国政法大学出版社2008年版,第59页。

[2] 罗马法中存在这样的法度:"任何超过自己所拥有的权利都无法转移给他人。(Nemo plus iuris ad alium trasferre potest quam ipse habet)。"为了通过让渡从无权者处取得物的善意受让人的现实法益受到保护,以使用取得的方式进行社会的法益衡量,从而维持法的正义。

[3] "单纯的交付绝不能使所有权发生转移,除非存在以下情形,事先有出卖或其他正当原因的存在,使交付基于它们随后产生。"参见[古罗马]尤士丁尼:《学说汇纂》(第41卷),贾婉婷译,中国政法大学出版社2011年版,第43页。

第一章 关于罗马法的物权变动——以正当原因为中心

古典法的立场,他们将关于所有权转移的罗马法的基本原则精当地表达了出来。[1]保罗使用了"单纯让渡"(nuda traditio)一词,是在一个世纪前盖尤斯的所用的"让渡"一词前加上了"单纯"一词而成的。在前述关于占有的论述中,我们已经确认,保罗将占有的要件区分为身体的因素(体素)和精神的因素(心素),二者同时具备,市民法上的占有才能够成立。保罗对占有的这种见解,可以将以前作为让渡的占有转移区分为表面占有状态的转移和市民法上的占有转移。据此,保罗不同于盖尤斯,他将表面上占有状态的转移表达为与"让渡"不同的"单纯的让渡",这种"单纯的让渡"中的占有不是市民法上的占有,而是缺少正当原因的表面占有状态。

(二)通过让渡的所有权转移的二重要件与市民法上的占有

关于让渡的段落说明,通过让渡转移所有权需要包括买卖在内的正当原因,据此,我们容易混淆,通过让渡的所有权转移需要所谓的让渡和正当原因这双重要件。特别是,Seo Eul-O 教授支持让渡需要双重要件这一观点。[2]针对没有正当原因而只通过让渡可以产生所有权转移的观点及仅存在正当原因而不通过让渡可以产生所有权占有的观点,笔者将以与上述两种理由不同的观点提起反驳。表面上看,通过让渡的所有权转移所需的要件是让渡与正当原因。但是,让渡作为占

---

[1] [韩] Seo Eul-O:《物权行为论에 관한 学说史的 研究》,世昌出版社 2008 年版,第 33~34 页。

[2] [韩] Seo Eul-O:《物权行为论에 관한 学说史的 研究》,世昌出版社 2008 年版,第 39~46 页。

有的转移，可以包含两种占有，即外表上的占有状态和市民法上的占有，二者划分的依据是是否具有正当原因。被赋予正当原因的占有即为市民法上的占有，这种占有通过占有的转移就产生了所有权转移的效力，因此不再需要其他正当原因；反之，外表上的占有状态则是事实的保有、支配状态，尚不具备正当原因的状态，通过这种占有不能产生所有权转移的效力。

就这种观点而言，在盖尤斯的段落中出现的让渡意味着只通过表面上占有状态的转移不可产生所有权的转移，这是我们已知的。也就是说，该段落中所说的"买卖、赠与或其他原因"，不是让渡的要件，而是在让渡的实现过程中出现的表面上占有状态所需要的，为了所有权的转移，其转移的占有必须是具有正当原因的市民法上的占有。这一解释更为合理。

通过保罗的段落中"单纯的占有"这一表述，我们可以更明确地认识到，这一占有是缺少正当原因的外表上的占有状态，仅有这种占有状态的占有不可产生所有权的转移，而让渡中的占有必须是具备正当原因的市民法上的占有。

也就是说，现有的观点认为，通过让渡的所有权转移的双重要件是让渡与正当原因，但从构成让渡的占有的观点上分析，所有权转移不是以两种要件的具备而成立的。让渡中转移的占有必须是市民法的占有，即为了转移所有权，让渡中的占有必须具备正当原因。

与所有权转移有关的让渡，是市民法的占有的转移，转移所有权所要求的正当原因就是占有所要求的正当原因，而非独立于让渡。如上所述，这样的正当原因是作为占有心素的主观

第一章 关于罗马法的物权变动——以正当原因为中心

意图客观化后的类型。

二、罗马法上的"原因"（causa）和所有权转移中的正当原因

罗马法对原因没有明确的规定，因此"原因"（causa）在使用中具有多种意思。[1]关于这种原因概念的情况主要有三种：第一种，为提出不当利益返还请求而需要证明的"原因不存在"中的"原因"，即可以排斥返还请求并保持支付物的"原因"；第二种，作为决定哪种约定可以进行诉求根据的"原因"；第三种，就是在让渡和使取得中作为所有权变动根据的"原因"。[2]

（一）与不当得利返还请求有关的"原因"

所谓的不当利益返还请求的"原因"（causa condictionis），受让人可以通过证明原因不存在从而排斥返还请求并保持支付物的"原因"。罗马法上最典型的契约——要式口约（stipulatio），若具备作为要式契约的要求形式，不管是否与作为债务人的诺约者意思一致，都发生债务。而且不论债务是没有原因，或依靠违法原因，或因为强迫、欺骗、误解成立的，债务人都受到债务约束。这明显是一种侵犯债务人法益的不合理的法律体系，由此，罗马人一方面维持要式行为的严格性，同时通过不当得利返还请求（condictio sine causa）的方式来解决

---

[1] [韩] 郑泰纶："로마법에서의 원인론의 고찰"，载《梨花女子大学法学论集》2004年第1期，第110页。

[2] [韩] Seo Eul-O：《物权行为论에 관한 学说史의 研究》，世昌出版社2008年版，第30页。

这个问题。[1]也就是说,不打破传统的法律原则,而是由于受让人无原因领取物品或者要约者无原因成为债权者从而让渡人或者诺约人承担债务,针对这种情况,承认不当得利返还请求,以此来纠正现存的不当结果。即承认让渡人"特定物的不当得利返还诉权"(condictio certae rei)或者"确定金额的不当得利返还诉权"(condictio certae pecuniae),同时,在债权者提出诉讼的情况下,因无原因的要式口约承担债务的承诺者不仅可以行使欺骗抗辩权,并且无须等到债务偿还日期就可以立即行使"非特定物的不当利益返还请求权"(condictio incerti)来要求免除债务。需注意的是,在这种情况下,由于债权者(受让人、要约者)被认为拥有契约要式性具有的无因性这一优势,因此不承担原因存在或者约定合法性的举证责任,而是债务人要承担对于原因不存在或约定不合法的举证责任。[2]也就是说,债务人为了主张不当得利返还请求权,要由债务人自身来证明在履行行为中不存在任何原因。这就是不当得利返还请求中的"原因"并非作为必要要素,使相应行为变成具有法律意义的行为从而具有法律效力,针对已具备法律效力的行为,作为否定效力的根据,起到纠正不公正情况的作用。[3]换句话就是,这里的"原因"起到决定纠正歪曲的契约关系的不当利益返还请求权是否可以成立的作用。即债务

---

[1] 根据 D.12.5.6 的内容:"萨宾向来赞同早期法学者们的观点,他们认为,可以要回基于不正当原因而处于某人那里的东西。杰尔苏也持该观点。"可以认为这种不当利益返还请求权很早就已经存在。

[2] [韩]郑泰纶:"로마법에서의 원인론의 고찰",载《梨花女子大学法学论集》2004年第1期,第97页。

[3] [韩]郑泰纶:"로마법에서의 원인론의 고찰",载《梨花女子大学法学论集》2004年第1期,第99页。

第一章 关于罗马法的物权变动——以正当原因为中心

人可以通过证明相应契约不存在的原因来提出不当得利返还诉讼。

(二) 作为赋予约定诉权的根据的"原因"

作为决定对于怎样的约定、协议可以进行诉求的根据的"原因"。在尤帝的《法学阶梯》(Institutiones)中将债权分为四种实物契约和四种合意契约以及包括口头契约和文字契约之内的要式契约。[1]但是,仅用这种法定债权类型,不能将所有现实中发生的合意都归于契约。在罗马法中,如果当事人之间的合意不被认为是契约,也就不赋予相关诉权,这时,这种无法归类于契约的协议,就被称为"裸的合意"(nudum pactum)。但是这种裸的合意在履行和救济方面受到限制。这种问题首先通过要式口约进行了解决,除去不法性、不道德性、不可能内容的所有合意则可以通过要式口约的形式成为一种契约。[2]但是,如果不通过要式口约,从合意中发生的权益侵害则在救济方面受到很多的限制。首先,可以受到救济的合意局限于以支付为目的的合意,同时只有在一方已经履行义务的情况下,履行合意内容的一方才可以通过不当得利返还诉讼(condictio)来要求未履行义务一方返还已支付的标的物。也就是说,仅在具有双务性的合意中,才能够通过不当利益诉讼进行救济。并且,在内容方面,不得强制要求对方履行义务,而且对方不履行义务所产生损害时无法追究赔偿责任。因此,对于之外的情况,即在合意并非以支付为目的的情况下或者任

---

[1] [英]巴里·尼古拉斯:《罗马法概论》,黄风译,法律出版社 2010 年版,第 157 页。

[2] [英]巴里·尼古拉斯:《罗马法概论》,黄风译,法律出版社 2010 年版,第 181 页。

何一方都未履行其合意内容的情况下，主张受损害一方仅仅可以提起裁判官所赋予的欺骗诉讼（actio de dolo）。这时，提起诉讼者要承担举证责任，证明是由于对方恶意才未履行协议。[1]

这就是对于许多不属于法定契约的现实合意，在维持现存法律原则的情况下，如何对其赋予契约效力的问题。对此，首先用要式口约将裸的合意编入契约，[2]到了东罗马时代，则通过四种契约形式的分类解决了这个问题。在"互易"（du ut des）、"劳物互易"（factio ut des）、"换工"（factio ut facias）、"物劳互易"（do ut facias）这个分类范畴中容纳了不被法定契约类型包含在内的双务性合意，（保罗，D. 19. 5. 5. pr）并且《学说汇纂》中对这种"已由一方履行合意就是契约"原则作了明确阐述。这就是现存债务契约制度的巨大变革，[3]在这种无名契约中，支付者为了获得反对支付必须进行支付，如果未进行支付，最终则变成"不发生原因"（causa non est secuta）状态。也就是说，为了使双务契约获得诉权（即，为了构成契约），如果不是罗马法上典型契约，就必须构成无名契约；为了构成无名契约，则需要"履行反对支付"这个"原因"。

---

〔1〕 [英] 巴里·尼古拉斯：《罗马法概论》，黄风译，法律出版社2010年版，第177~178页。

〔2〕 人们之所以使用要式口约，或者是因为所达成的协议不属于任何法定的契约类型，或者是因为当事人认为要式口约比较严格的派生义务更为可取，最后还可能是因为他们希望明确某一契约的附加协议。参见 [英] 巴里·尼古拉斯：《罗马法概论》，黄风译，法律出版社2010年版，第181页。

〔3〕 但是法典中一直维持着现存的四种契约的分类方式，一直到狄奥菲尔的论述中才出现了人们现在所使用的"无名契约"一词。参见 [英] 巴里·尼古拉斯：《罗马法概论》，黄风译，法律出版社2010年版，第178页。

第一章 关于罗马法的物权变动——以正当原因为中心

这种无名契约的基本结构作为一种双务结构，是一种当事者相互具有义务的形式。即无名契约中的债务原因就是一方的债务履行，这种一方的债务履行最终成为另一方履行债务的原因。

但是，在合意中，除了双务合意，也存在一种单务合意。单务合意典型形态是一种向法定契约附加的合意，也是通过要式口约来赋予债务效力。这种要式口约与严格法诉讼有关的内容相关，除此之外，裸的合意与善意诉讼有关的内容相关。这种裸的合意被称为附加合意。[1]

此后，由于"金钱不受领的异议"广泛使用，导致金钱消费借贷上附加的要式口约丧失无因性，而且开始被要求"原因"。并且，随着金钱消费借贷原则适用于债务证书，也出现了认定偏务约定拘束性的"原因"的必要性。

这种与约定相关的原因是中世纪学者最关心的部分，并成为契约理论核心素材。与此有关的详细内容将在后文加以论述。

(三) 作为所有权转移根据的"原因"

让渡与使用获得中的"原因"可以作为所有权变动的依据。与所有权变动相关的"原因"，正如上述所说，是作为"行为者所意图的目的"的，与市民法的占有心素有关的正当原因。本文中将只对与文章主题相关的、在继承取得的让渡中作为所有权转移效力依据的原因进行论述。由于上文详细讨论了"原因"的性质，这里将以各自种类为中心进行解释。

---

[1] [意] 彼德罗·彭梵得：《罗马法教科书》，黄风译，中国政法大学出版社2005年版，第300页。

1. 嫁资设定

嫁资（dos）是指结婚前后新娘或者相关家属给予新郎的资产。这种嫁资制度在罗马法演变过程中经历了巨大变化，在初期的罗马法中，丈夫享有所有嫁资的所有权和管理权。[1]这种嫁资的设定是指给予新郎嫁资的行为，所有的财物、所有权以及以外的物权和债权都可设定为嫁资。嫁资设定通过实际财产转移完成，或通过负担某种义务来实现。嫁资的设定意味着将相应财产的所有权、其他物权或者权利转移给丈夫。

嫁资设定通过财产转移，即"嫁资给付"（dotis datio）来完成。此时给付方式并不要求以某种固定方式完成；仅仅由让渡权利的性质来决定其方式。就所有权转移方式而言，在古典法时代，对于要式物，嫁资设定必须通过要式买卖和拟诉弃权所有权让渡方式，或者通过使用取得进行嫁资设定。但是，到了尤帝，为了嫁资设定，要式物也与其他物一样，仅通过让渡才能成立。

嫁资也可以被设定为一种成立债权债务关系的方式，这种方式使用了债权形成方式，但在初期，则使用了要式口约、嫁资声言[2]；到了狄奥多西一世时期（Flavius Theodosius Augustus The Great，346~395年），使用了简答协议；此后，则变为使

---

[1] 到了尤士丁尼时代，虽然在理论上丈夫仍然是嫁资的所有主，但是从实践意义上讲，丈夫只不过对在婚姻存续期间出现的嫁资收益拥有权力，因此，当婚姻结束时，丈夫应当将嫁资返还给妻子或者继承人。参见［英］巴里·尼古拉斯：《罗马法概论》，黄风译，法律出版社2010年版，第80页。

[2] 嫁资声言是一种古典形式的、专用于嫁资的允诺，在尤士丁尼法中，它变成了非要式的行为。在誓言和嫁资声言中，债产生于一人讲话之时（uno loquente），因而这种债在形式上不具有协议的特点。参见［意］彼德罗·彭梵得：《罗马法教科书》，黄风译，中国政法大学出版社2005年版，第271页。

第一章　关于罗马法的物权变动——以正当原因为中心

用一种书面的方式。到了尤帝时期，将婚前嫁资变更为婚后嫁资的情况，则认定为"默示设定"。[1]

正如上述所讲，到了后期，嫁资支付方式则不再依靠标的物种类（债权嫁资除外）而是通过让渡来完成。通过让渡进行所有权转移，则需要一种正当原因，而这时通过让渡进行嫁资所有权转移的正当原因就是嫁资设定。此时需要注意的是，通过让渡的嫁资设定作为一种现实行为，同时进行两种行为，一种是合意，也就是为了嫁资设定而在丈夫和相应嫁资设定人之间达成的出捐行为，一种是现实转移（让渡）行为。[2]也就是说，同时发生嫁资的外表上的占有状态转移和所有权转移意图，从而产生所有权转移效果。需要与此相比较的情况就是未来嫁资给付问题。未来嫁资给付一般是以要式口约形式来完成的。这种未来嫁资给付，并不是通过视嫁资设定为正当原因的让渡，而是通过将清偿看作正当原因的让渡，从而进行的所有权转移。

如此，一般的嫁资给付总是一种现物交易行为（bargeschäft），也就是依靠占有状态的转移来实现的。倘若占有转移目的跟当事人之间意图的外在显示形式，即嫁资设定的目的一致，它就获得正当原因。由此，外表上占有状态的转移将嫁资设定作为正当原因从而产生所有权转移效果。

在此我们还要注意，对让渡而言，像要式口约这种债权债务契约无法成为所有权转移的直接正当原因。Seo Eul-O 教授

---

[1]［意］彼德罗·彭梵得：《罗马法教科书》，黄风译，中国政法大学出版社 2005 年版，第 121 页。

[2]［韩］Seo Eul-O：《물권행위론에 관한 학설사의 연구》，世昌出版社 2008 年版，第 30 页。

在其著述"关于物权行为论的学说史研究"中解释说,嫁资设定总是一种现实行为,即当事人之间的协议与让渡同时进行而产生所有权转移效果的统一的行为。在这种情况下,原因和让渡并非两种不同行为,而是同一行为不同层面的名称而已。并指出,这一点也就是嫁资设定不符合现行法中有因或者无因框架的原因。[1]

对此,虽然笔者完全同意上述前半部分的陈述,但对于后半部的见解持有不同意见。即无因、有因的问题可以理解成关于契约和占有转移(让渡)之间的关联性的问题。也就是说,正当原因作为从占有中派生出来的概念,即使在外部上被类型化,也可以说是一种为确保当事人对于占有中的所有权转移意图的机制。

这种正当原因可以说是作为一种确认占有转移中是否包含所有权转移这种当事者意图的概念,已经被让渡这个概念所包含。即该让渡是否具有所有权转移效果这个问题,就是在让渡中,占有是否具有正当原因的问题,即这个占有是否就是市民法的占有这个问题。在这一点上,是同意 Seo Eul-O 教授所讲的"原因和让渡并非两种不同行为,只是同一行为不同层面的名称而已",但是本人对后半部分"这与现行法中有因或者无因框架是不相符的"却不以为然。因为他把有因、无因的问题看为原因和让渡之间的关系问题,如果它们同时发生,就无法追究两个概念之间有因、无因问题。但是,笔者认为,为了发生所有权转移效果,占有就必须已经具备原因(正当原

---

[1] [韩] Seo Eul-O:《물권행위론에 관한 학설사의 연구》,世昌出版社2008年版,第51页。

第一章 关于罗马法的物权变动——以正当原因为中心

因),所以它们只能同时发生。这一点在其他正当原因中也可以发现(买卖的情况虽然形式复杂)。因此,按照原因与让渡关系体系,无法成立有因与无因的问题。也就是说,有因、无因的关系不是指原因和让渡之间的关系,而是包含正当原因的占有转移(让渡)和债权债务间的关系问题。根据通过要式口约成立的未来的嫁资设定给付相应嫁资时,此时所有权转移的正当原因则不是债权债务关系而是清偿。此时,清偿与现实让渡同时存在,而且成为让渡,即占有转移的正当原因。

如此,有因、无因问题并非针对原因(正当原因)和让渡(占有转移)的关系的问题,而是债权债务关系和让渡(与正当原因有关的占有转移)间是否存在具有效力的因果关系的问题。因此,在罗马法还未吸收从让渡中分离出来的原因的情况下,对现代有因、无因论的讨论是不合适的。

2. 消费借贷(matuum)

消费借贷作为实物契约中的一种,是贷主以借主的消费为目的进行向借主转移物品。在消费借贷中,物品转让,即货物所有权转移成为借主承担义务的根据,借主根据受取标的物的数量来承担义务。因此,在不发生所有权转移情况,也同样不发生消费借贷。[1] 即消费借贷是由当事人的合意与贷主的履行同时构成的一种现实行为。

对于消费借贷,虽然存在当事人间的协议但未转让标的物的情况,即约定将来进行消费借贷在罗马法上不构成消费

---

[1] [英] 巴里·尼古拉斯:《罗马法概论》,黄风译,法律出版社2010年版,第158页。

借贷。[1]因为正如上文所讲，消费借贷实质上是一种实物契约，所以把转移标的物作为其效力要件。由此，未来消费借贷的约定根据要式口约来完成，在履行契约时，把清偿作为占有转移，即让渡的正当原因，从而发生所有权转移的效力。

除消费借贷之外，属于实物契约的还有使用借贷（commodatum），委托（depositum），质权（pignus）。这些实物契约的共同特征简单来说就是，债权债务并非从合意本身产生，而是从有形物（res corporalis）的转移中产生的。[2]

如此，实物契约将转让作为契约成立要件，但是，仅是其中的消费借贷可成为所有权转移的正当原因。在这里需要注意的是，消费借贷原本是一种契约，并由合意和让渡要件构成。这种作为契约的消费借贷成为所有权转移正当原因的意义为何？可以说，作为正当原因的消费借贷并非指作为契约的消费借贷。即上述的让渡是外表上的占有状态的转移，合意是指关于占有转移以所有权转移为目的的合意。那么，消费借贷就是指具有所有权转移意思的标的物的外在占有状态的转移。

这一点则是跟将合意与让渡作为成立要件，但却无法产生所有权转移效果的其他实物契约的不同之处。即使用借贷把使用作为目的，委托把保管作为目的，质权把提供担保作为目的。这种实物契约在外表上的占有状态转移中不存在所有权转移意图，因此，它们的占有转移最终无法成为市民法中的占有

---

[1] [韩] Seo Eul-O：《물권행위론에 관한 학설사의 연구》，世昌出版社2008年版，第51页。

[2] [英] 巴里·尼古拉斯：《罗马法概论》，黄风译，法律出版社2010年版，第158~159页。

第一章 关于罗马法的物权变动——以正当原因为中心

转移,仅是一种单纯的外表上的占有转移。因为这一点,它们无法成为所有权的正当原因。

3. 赠与(donatio)

赠与是指"赠与者以受赠者获得利益为单纯的目的,无偿向受赠者转移自身财产权利的行为"。这种赠与作为一种不要求任何反对支付而实现的无偿出捐行为,适用于所有的财产权,大体上有转移所有权的实物赠与、为受赠人进行债权设定的债权赠与,以及解除受赠人债务的债务解除赠与等。[1]这种赠与根据让渡权利的性质来决定其赠与方式,所有权赠与只能通过让渡进行。[2]

罗马法和现代法关于赠与的差异在于,罗马法上的赠与并非一种典型的契约类型。[3]虽然在现代法中,赠与是典型契约的一种,但在罗马法上赠与则不属于契约。

这时的赠与是指一种通过让渡来实现的现实赠与,即"赠与合意和让渡作为一个行为而实现"。关于马克思·卡泽尔(Max Kaser)这一定义,[4] Seo Eul-O 教授称:"罗马人不将赠与中的原因和让渡进行区分,而是将其理解为一个整体,如果作为该行为原因的功能成为问题,那么就称为原因;如果

---

[1] [意]彼德罗·彭梵得:《罗马法教科书》,黄风译,中国政法大学出版社2005年版,第315~316页。

[2] 为赠与受赠人以用益权,在新法中只要求简单的协议;为设立地上权,则要求订立有关的契约,等等。赠与允诺在尤士丁尼以前的法中要求达成要式契约,比如口式要约。参见[意]彼德罗·彭梵得:《罗马法教科书》,黄风译,中国政法大学出版社2005年版,第316页。

[3] [韩] Seo Eul-O:《물권행위론에 관한 학설사의 연구》,世昌出版社2008年版,第48页。

[4] [韩] Seo Eul-O:《물권행위론에 관한 학설사의 연구》,世昌出版社2008年版,第48页。

占有转移或者所有权转移成为问题,则称为让渡。即,在现实赠与中,原因和让渡总是一个概念。现实赠与既是赠与的原因(causa donandi)同时也是以赠与为原因的让渡(causa donandi)。"[1] 换句话说就是,不对赠与中的原因和让渡进行区分而是看作一体,是指让渡,即占有转移是否具有所有权转移意图的问题,如果在占有转移中存在这种意图,那么原因和让渡就是一体的。

　　罗马法上通过让渡的所有权转移,其核心是占有。占有表现出最现实的状态,可以说是权利关系中最初期的形态。为了使这种占有表现出所有权这种比较抽象的权利,而出现的概念就是正当原因,这种正当原因在权利变动层面,将现实占有转变为所有权这种实质权利上起到了桥梁作用。占有转移之后,为了确保当事人间的占有转移就是所有权转移,仅靠基于当事人主观性的个人心素来确保法的稳定性是明显不足的。因此,需要一种更加客观的装置,最终出现了正当原因这个概念。这个正当原因就是与占有转移同时存在的当事人间合意的另一种说法,这个合意就是让渡,即,通过占有转移想实现的目的就是所有权转移这种相互间的合意。这个合意作为通过当事人相互作用而实现的结果,也就是说每个人的占有心素通过与对方的沟通显现出来,最终成为相互间的一种公示形式。因此,上述卡泽尔的"赠与合意和让渡是作为一个行为而实现"意味着让渡(占有转移)在以所有权转移作为目的进行的情况下,(作为赠与的)合意作为一种包含于让渡(占有转移)内的概

---

[1] [韩] Seo Eul-O:《物权行为论에 관한 学说史的研究》,世昌出版社2008年版,第48~49页。

念,实际上这两者已经是同一种概念。即市民法上的占有转移就是赠与等具有所有权转移正当原因的让渡,是现实行为和所有权转移目的一起结合而完成的。这里的合意是与包括契约在内的债权关系相独立的所有权转移的合意。它最终成为以后物权合意以及债权行为和物权行为之间无因性、有因性的最重要素材的部分。

如上所述,作为罗马法正当原因的赠与意味着一种现实赠与。因此,对于未来进行的赠与,是通过要式口约(stipulatio)来确保其约束力的。首先成立以赠与为目的的要式口约,此后履行出捐行为的话,那么该履行行为则属于清偿。这种清偿依旧通过让渡来实现,此时,发生所有权转移效果的让渡的正当原因自然并非契约而是清偿。[1]

4. 清偿(solutio)

在现行法中,因为清偿是通过履行行为(给付行为)来实现给付的,所以清偿是一种与履行行为本身相区别的概念。[2]但是,在罗马法中,清偿反而与履行行为很相似。也就是说,虽然它是一种为了履行既存债权的行为,但是并非同现行法上一样,从债权消亡的层面进行抽象的理解,而是被解释成一种现实行为,同时也是获得所有权的原因。[3]

正如前面所述,如果嫁资设定、消费借贷、赠与等不是通过现实行为而实现,而是依据要式口约来达成未来进行相应行

---

[1] [韩] Seo Eul-O:《물권행위론에 관한 학설사의 연구》,世昌出版社2008年版,第50页。

[2] [韩] 宋德洙:《新民法讲义》,博英社2008年版,第955页。

[3] [韩] Seo Eul-O:《물권행위론에 관한 학설사의 연구》,世昌出版社2008年版,第53页。

为的合意,并且在约定时间内履行的行为的话,则这些履行行为就是清偿。此时实行的让渡以清偿为正当原因发生所有权转移效果。

如此,清偿把债务作为前提,这种债务不仅是指基于要式口约的债务,也是基于契约、私犯(不法行为)以及判决的债务。并且不管清偿的支付形态是金钱支付、其他转移、限制物权的设定,还是占有的提供,只要履行债务,都构成清偿。这一点被多数说所接受,[1]也就是说,在罗马法中,债务是根据契约、准契约、私犯而形成的[2],如果按照多数说,履行由此而发生的债务行为就是清偿。

如此,罗马法上的清偿并非像现行法中的给付实现,而是现实行为。即清偿作为所有权转移的正当原因,将以所有权转移为目的的相应债务履行作为义务,表现为现实进行的相应标的物的占有转移。换句话说,这里主要的外部行为就是现实占有转移,其正当原因就是履行以所有权转移为内容的债务的"清偿"。

为了准确理解这种清偿的特性,我们要注意考察的就是债务、清偿以及占有转移的关系。对于它们之间的关系,可以通

---

〔1〕 [韩] Seo Eul-O:《물권행위론에 관한 학설사의 연구》,世昌出版社 2008 年版,第 72 页。

〔2〕 尤帝接受了盖尤斯对债的分类方式,在他的《法学阶梯》中,将契约分为实物契约、口头契约、文字契约以及合意契约。实物契约包括消费借贷(mutuum)、使用借贷(commodatum),寄托(deposit-um),质押(pignus),合意契约包括买卖(emptio venditio),租赁(locatio conductio),合伙(societas),委托(mandatum),还有无名契约和简约(pactum)。此外,还存在作为准契约的无因管理和不当得利。参见[英]巴里·尼古拉斯:《罗马法概论》,黄风译,法律出版社 2010 年版,第 156 页以下。

第一章　关于罗马法的物权变动——以正当原因为中心

过非债清偿（solutio indebiti）获得准确的理解。[1]非债清偿是指不存在债务，但债务者却进行了清偿的情况，在罗马法中，所有权转移是通过让渡实现的，即使不存在债务，即，即使是非债清偿也是有效的。这种非债清偿的基本构成可以分为债务、让渡以及正当原因。此中的债务因为要式口约等多种原因而发生（但债务内容局限于所有权转移），而且债务受到履行约束。以所有权转移为内容的履行通过让渡来实现，在这里，让渡就是以所有权转移为目的的占有转移，清偿就是这种占有转移的目的，也就是所有权转移合意的别称。即如果当事人之间就"让渡的目的是清偿"达成合意，并且进行让渡的话，即使债务不存在，也可产生标的物所有权转移效果。这里的合意就是为了履行让渡（占有转移）之前存在的债务而形成的合意，这并非关于债务的合意而是关于与债务独立的作为现实行为的让渡的合意，这就是正当原因。它之后受到了注释学派的深入讨论，而且对"titulus-modus"（名义—方式）理论产生了很大的影响，并且成为了无因性物权合意（abstrackte dingliche einigung）中的核心要素。

如此，罗马人将清偿本身看作一种所有权转移的正当原

---

[1]　在罗马法中，关于让渡的规定只以一般性原则为主，而且相关资料并不丰富。与此相反，关于使用取得则有丰富的资料，其中包括许多具体的事例。因此，在有关让渡的争论中，不断尝试利用使用取得的相关资料来得出有关让渡的结论。特别是使用取得原因的项目与让渡项目大体上一致，更是如此。Rabel、Beseler、Ehrhardt、Kunkel、Hazewinkel-Suringa 等完全将让渡原因与使用取得的原因当作同一概念来看待，将从使用取得得出的结论全部拿到让渡中使用，但是卡泽尔，弗卢梅等则认为只有部分内容可以互相适用。并且，非债清偿也在使用取得的资料中出现，对此，Kaser、Flume、Mayer-Maly 认为，它也可以适用于让渡。参见［韩］Seo Eul-O：《物权行为론에 관한 学说史의 研究》，世昌出版社 2008 年版，第 59~65 页；第 72~73 页。

因。维尔纳·弗卢梅（Werner Flume）称其原因在于，罗马人并非围绕法律关系而思考，而是关注了这个行为本身，因此在清偿中也并非关注债务消除这个层面，而是关注清偿这个行为本身。[1]并且，Wolfgang·Kunkel等认为将清偿看作是所有权转移的原因，是因为受到初期罗马的责任法特征很大的影响。即，依靠古代市民法上的责任发生行为（Haftungsge-schäft）而形成的债务者的约束状态（der Zustand der Gebundenheit），仅依靠特殊的解决行为（Lösungsgeschäft）就可以消除，这种特殊的解决行为被认为是清偿，它作为一个具有与一般债务不同的独立性的概念，被当作是所有权的正当原因所接受。[2]如此，正如嫁资设定、赠与与契约、债务无关，其本身则可以作为有效原因一样，清偿过程的让渡是以所有权转移为目的清偿也可以作为有效原因。

5. 买卖

买卖作为一种双务合意契约，指从买受人一方获得相应代价，同时转移标的物的占有以及相关的所有权利的合意。但是一种与此不同概念的买卖也存在，就是作为所有权转移正当原因的买卖。[3]

在罗马初期的买卖中，让渡人并非必需转移所有权，仅仅

---

[1] [韩] Seo Eul-O：《물권행위론에 관한 학설사의 연구》，世昌出版社2008年版，第54页。

[2] [韩] 郑泰纶："民法上의 原因概念과 罗马法에서의 causa"，载《比较私法》2007年第3期，第410页。

[3] [英] 巴里·尼古拉斯：《罗马法概论》，黄风译，法律出版社2010年版，第284页。

第一章 关于罗马法的物权变动——以正当原因为中心

是进行占有转让。[1]即出卖人的第一义务是标的物的占有转移（vacuum possessionem tradere），因此即使买受人获得标的物的让渡后仍未取得所有权的完整权利，但买受人仅靠这个理由无法采取任何救济举措[2]（仅仅在发生标的物追夺[3]的情况，或者在没有追夺但丧失交易利益的情况，仅可以向出卖人提出赔偿请求）。也就是说，买卖既不是为了转移所有权的契约，也并非要求转移所有权和取得所有权的契约。

在经济贸易关系中，人们用货物来交换货币等价物或者其他物品。但在罗马初期，这个过程不发生任何债务和契约，这是因为双方当事人都同时履行各自交换。[4]这种买卖在初期对于要式物是通过要式买卖来实现的，在要式买卖中，不发生债务。因此，通过要式买卖的买卖与之后作为契约的买卖具有不同的性质。但是，在买卖通过要式买卖进行的过程中，从之前单纯的现实占有转移这种买卖性质变成所有权转移性质，这种发生变化的买卖性质扩张适用到略式物。对略式物而言，它是通过要式口约来进行的买卖。[5]最终买卖逐渐变成一种合意契约形式。

但在罗马法中，履行买卖并不属于清偿。在保罗的论述及

---

[1] [英]巴里·尼古拉斯：《罗马法概论》，黄风译，法律出版社2010年版，第285页。

[2] [英]H. F. 乔洛维茨、巴里·尼古拉斯：《罗马法研究历史导论》，薛军译，商务印书馆2013年，第377页。

[3] 追夺是指对买卖标的物的权利属于第三者，因此，此后买受人被第三者剥夺对标的物的权利。

[4] [英]H. F. 乔洛维茨、巴里·尼古拉斯：《罗马法研究历史导论》，薛军译，商务印书馆2013年，第211页。

[5] [英]巴里·尼古拉斯：《罗马法概论》，黄风译，法律出版社2010年版，第286页。

其见解所代表的古典法的立场中，明确写明买卖的履行并非清偿。这与学界上对于保罗 D. 41. 3. 48[1]解释中的见解是一致的。[2]若这样，则引起了为什么买卖履行不属于清偿的疑问。这可以说是在理解正当原因方面一个很重要的问题。

这种作为正当原因的买卖被认为与买卖的初期形态相关。即，清偿最终不管是有效还是无效，都把债务关系作为基础（如上所讲的，清偿作为正当原因，其概念是指与一般债务相独立的形式）。但是，买卖在作为合意契约之前，其最初形态是现实占有转移。也就是说，买卖初期形态以现实占有转移这个现实行为为基础，即使到了买卖契约形成以后，买卖契约的履行也不属于清偿范畴之内，而是买卖继续与清偿独立地作为买卖契约的正当原因。

对此，Wolfgang·Kunkel 认为，古代人不知道通过买卖而成立的所有权转移中的义务负担行为和履行行为概念的区分，他们只知道现物交易行为，进而从这种观念中形成这样的现象。[3]

随着买卖作为合意契约被逐渐接受，其要求标的物、价格

---

[1] "这种区分的原因：在其他原因中，应当考察的是清偿的时间，在进行要式口约时对物归他人所有是否知情并不重要，只要在清偿时认为它归你所有就可以了；而在买卖中则要考察契约成立的时间和清偿的时间。"参见［古罗马］尤士丁尼：《学说汇纂》（第 41 卷），贾婉婷译，中国政法大学出版社 2011 年版，第 191 页。

[2] 虽然该片段是关于使用取得的内容，但正如上 84 脚注所讲的，学界上一般认为，让渡也同样适用。

[3] ［韩］郑泰纶："罗马法에서의 原因论의 考察"，载《梨花女子大学法学论集》2004 年第 1 期，第 96 页。

第一章 关于罗马法的物权变动——以正当原因为中心

以及合意作为成立要件,这点产生了买卖与清偿之间适用差异。[1] 保罗 D. 41. 4. 2 pr [2] 对此进行了论述。即,因为履行买卖不是履行清偿,所以买卖契约必须实际存在,并且不仅在让渡时需要买受人的善意,而且在签订买卖契约时也需要。相反,除买卖之外的其他债务履行都属于清偿,并且,因为在清偿中不用考虑作为其根据的债务,所以即使实际上并不存在债务(非债清偿),也可以进行使用取得(如上所说,一般认为,关于使用取得的段落内容也同样适用于让渡。因此,使用取得上的非债清偿的内容也可以适用于让渡),受让人的善意也仅在清偿时(让渡)才被要求,在原债权成立时则不受到要求。[3] 在这里,买卖与清偿要求的善意时间点不同。即,买卖在契约签订时和让渡时都要求善意,而清偿则仅仅在让渡时要求善意。

产生这种差别的原因在于,买卖契约履行的性质与除此以外的契约履行,即清偿的性质在根本上是不同的。特别要注意的是,作为买卖根据的买卖契约是合意契约。在合意契约中,与所有权转移有关的仅仅是买卖契约。合意契约正如上述所说,将合意作为其成立要件,因此在合意阶段也要求善意。这

---

[1] [英] 巴里·尼古拉斯:《罗马法概论》,黄风译,法律出版社 2010 年版,第 162 页。

[2] "那些实际上购买了某物的人可作为买卖人占有,但仅在观念上人文自己作为买卖人占有是不够的,还必须存在购买的原因。但在买卖中还应该考察形成合意的时间,因而不仅买卖应出于善意,对占有的取得也应当出于善意。"参见[古罗马] 尤士丁尼:《学说汇纂》(第 41 卷),贾婉婷译,中国政法大学出版社 2011 年版,第 191 页。

[3] [韩] Seo Eul-O:《물권행위론에 관한 학설사의 연구》,世昌出版社 2008 年版,第 87 页。

一部分与清偿中承认非债清偿，也就是说，即使不存在债务，也可以把清偿作为正当原因来实现所有权转移的内容形成对比。对于罗马人，他们认为，通过清偿来获得所有权具有无因性的特征，通过买卖实现的所有权转移具有有因性特征。[1]因此，在清偿中，仅在让渡时要求善意，在契约成立时则不需要善意。这两者的差别是因为合意契约与其他契约的性质、成立要件不同。

如此，随着买卖从单纯的占有转移发展成为所有权转移概念，买卖以要式买卖、要式口约的形式进行，在这个过程中，买卖的内容逐渐归属于合意契约，并且，在所有权转移方面，与其他契约不同，买卖不是以清偿而是买卖自身为正当原因。

这种罗马法上的正当原因，此后通过中世纪罗马法学者以及教会法学者的研究发展，逐渐形成了原因论。并且，随着它作为一个重要概念被物权法所接受，其成为权源形式理论的核心要素。

---

[1] [韩] 郑泰纶："로마법에서의 원인론의 고찰"，载《梨花女子大学法学论集》2004年第1期，第96页。

第二章

中世纪法学上的"原因"（causa）

第一节 经院哲学对中世纪法学的影响

一、绪论

关于此论文最重要的一个概念是"原因"（causa），如上文所述，其在罗马法上并没有一个特定的概念，而且具有多重的含义。随着中世纪法学家以体系方法论对罗马法进行研究，"原因"一词的概念界定和范畴分类工作也随之展开。

根据研究方式、研究对象和研究目的的不同，中世纪法学可分为初期的注释学派与注解学派。注释学派认为《尤士丁尼法典》的权威跟社会生活的行动规范和信仰上的圣经一样，其存在是绝对的不可怀疑的[1]。因此，他们认为，与其检验其作为真理的根本权威，不如将目光集中在对原文的解读，关注对原文的注释工作。这样的注释学派的研究到阿库秀斯（Accursius，1183~1260年）完成标准注释（glossa ordinaria）后告一段落。

---

[1] 戴东雄:《中世纪意大利法学与德国的继受罗马法》，中国政法大学出版社2003年版，第85页。

此后,对罗马法的研究就以其标准注释为主。此后,随着社会的变化,继注释学派之后,法学出现了重视实务问题的法理构成研究倾向,也就是说,法学学者们通过法院和官厅的法律问题的咨询等实践活动,出现了研究中心向实务方向转变的倾向。具有这样学术倾向的学者们组成了注解学派(commentatores)。在条理法、地方法、习惯法等多元法律体系均已形成的时代背景下,他们的具体研究方向是如何将罗马法与既存的多种法律相结合,即实际的法律解释问题。更进一步,他们开始从事将注释学派的研究成果普遍化、理论化的工作。

二、关于中世纪法学的概述

(一)法学汇纂(Digesta)的再现与中世纪法学的兴起

1080年左右,比萨(Pisa)人在意大利南部的阿玛菲(Amalfi)发现了尤士丁尼的罗马大法典[1]中的法学汇纂的手抄本[2],从而在中世纪社会中传播开来。随着法学汇纂(Digesta)传达到意大利波伦亚之后,其专门研究有了进展,到1120年,波伦亚大学开设法学课程,自古典罗马之后,作为学问的法学再次出现在了欧洲[3]。从此波伦亚大学的法学在

---

[1] 法典(Codex)是从以前的敕令中选择一部分,分为12卷,并在529年最早公布;533年,为初学者的《法学阶梯》(Institutiones),一个月之后,从之前学者的2000多卷著作中选择15万行编纂成50卷的学说汇纂(digesta);从534年起收集了158种敕令,编纂成新律(novellae)。将这些法典总称为《尤士丁尼法典》,即《罗马法大典》。

[2] 该手写本被确认为是在6世纪编纂而成的。参见[韩]申有哲:"中世및近代유럽의 로마法繼承",载《法学研究》,2006年第1期,第7页。

[3] [韩]Seo Eul-O:"中世哲学에对한 아리스토텔레스의 影响",载《法哲学研究》2004年第2期,第142页。

第二章 中世纪法学上的"原因"(causa)

伊尔内留斯(Irnerius,1055~1140年)的努力下发展起来,他批判辣文纳(Ravenna)大学的学风和态度,认为他们按照需要肆意解释罗马法,扭曲和虚构其法理,而且把《尤士丁尼法典》(Corpus iuris,以下称"尤帝法")作为法学课程的主要内容。[1] 他认为尤帝法是没有错误的成文理性(Ratio scripta),将对其的准确解读作为首要目标。他们的主要工作是对尤帝法的各个规定进行准确注释,并将注释记载于原文的空白处,或者条文行间,因此,他们被称为注释学派。这样的注释学派在罗马法继受的初期,成为当时欧洲法学的主流。通过波伦亚学派(即注释学派)对罗马法的体系解释,中世纪欧洲法学进入了学问化的第一个阶段。

(二)中世纪法学的方法论基础:经院哲学的发展

自800年开始的经院哲学是以奥古斯丁为代表的教父哲学在对基督教信仰体系进行整理和理性思辨的基础上形成的,是以理解和论证为目的的中世纪哲学的中心潮流。在此经院哲学的进行和发展过程中,所谓"普遍论证"的激烈论争占据了中心位置。

经院哲学[2] 的难题是从古老哲学中衍生的普遍者(universalis)的问题。这原本是亚里士多德在范畴论(categorea)中提出的问题,随着以翻译和注释亚士多德著作而闻名的波厄提乌斯(Anicius Boethius,480~525年)在新柏拉图主义者波

---

[1] [韩]朴熙昊:"원인론형성에관한연구",载《法学论丛》2013年第2期,第93页。

[2] 经院哲学一般被分为三个时期,前期从800年到1200年,爱留根纳、安瑟伦、洛色林、皮埃尔、阿伯拉尔代表时期。中期大约是从1200年到1300年,阿奎那等贡献下迎来经院哲学的全盛期,并在亚里士多德哲学的基础上,形成了基督教新学体系。后期是指1300年到中世界后期,邓斯司各特和威廉奥卡姆的有名论盛行期。参见[韩]吴世赫:《法哲学史》,世昌出版社2005年版,第65页。

菲利（Porphyrios，233~304年）《关于范畴论入门》（Eisagoge：Isagoge）一书的注释中，普遍者的论证再次引发全面的讨论。讨论包括以下的几个问题：种和类是实际存在的还是只在人们的思维中存在的？如果是实际存在的话，它具体的形状如何？这个形状，跟我们可以认知的事物怎样区分开来？还是它是存在于事物之中的呢？[1]普遍论争主要表现在实在论与唯名论的对立，这与信仰（神的启示）和理性相关，在当时的宗教社会成了最激烈的论争。[2]经院哲学初期，安瑟伦（Anselmus，1033~1109年）站在实在论的立场上，洛色林（Jean Rosecellinus，1050~1120年）站在唯名论的立场上与其论争。安瑟伦跟柏拉图有着同样的观点，认为普遍概念是在个别的事物之前（ante rem）独立的存在，而普遍者是客观的实在。他根据实在论主张的"为了认知而相信"（credo ut intelligam），认为信仰是理性的上位范畴。对此，阿伯拉尔认为实际存在的只是个别的个体，普遍概念只不过是名目（nomina），其对应的实体在现实当中是不存在的，也就是说，普遍概念是在个别的事物的后面（post rem），在人的头脑意识之中构成的，这种唯名论主张的三位一体的神不是实际存在的，只是一般概念而已。[3]

初期的经院哲学到了12世纪遇见了新的机遇。阿贝拉德（Petrus Abaelardus，1079~1142年）同时受到自己老师洛色林（Rosecellinus）的唯名论和另一位实在论者的老师威廉·尚波（William de champeau，1070~1121年）的影响，试图探索将唯名论和实在论相结合。他主张"首先认知，之后相信神"，首

---

[1] [韩]吴世赫：《法哲学史》，世昌出版社2005年版，第66页。
[2] [韩]吴世赫：《法哲学史》，世昌出版社2005年版，第66页；第68页。
[3] [韩]吴世赫：《法哲学史》，世昌出版社2005年版，第66页。

第二章 中世纪法学上的"原因"(causa)

先通过理性确定神的存在可能性,继而追求信仰,他这样的主张具有理性优位的主知主义倾向。但是,他认为普遍者既不是跟实在论认为的那样是先行于事物的,也不是与唯名论者主张的那样是跟着事物的,而是在事物之中存在的(in re)。[1]在他的研究过程中,通过《肯定与否定》(Sic et Non)一书中对158个论点的检讨,对具有权威性的教父言论中互相矛盾、对立的内容进行了锐利的分析,在强调自律论争的不可缺性的同时,确立了其自己的论证方法。这个过程中,他使用的就是"Sic et Non"的方法论,这是一个通过综合对立矛盾的见解,从而寻求探索一个折中方案的辩证法的方法论。[2]此后,其被经院哲学全盘接受,成了中世纪法学重要的方法论工具。[3]

与此同时,阿威洛依(Averroes,1126~1198年)等[4]

---

〔1〕 这种折中的结论,不仅得到经院学派全盛期阿奎那的肯定,同时也受到像邓斯司各特等唯名论学者的肯定。参见[韩]吴世赫:《法哲学史》,世昌出版社2005年版,第69页。

〔2〕 戴东雄:《中世纪意大利法学与德国的继受罗马法》,中国政法大学出版社2003年版,第88页。

〔3〕 [韩]南基润:"中세기이탈리아에서의 보통법학방법론",载《法学论丛》2009年第1期,第18页。

〔4〕 亚里士多德认为,学问是从知觉、经验以及记忆来产生的。这种学问要求根据,而懂得根据的人应当提出这种根据。如何提出这种根据,以及妥当的根据是怎样的,正是与此相关的广泛的方法论构成了"形式伦理学"的内容,"工具论"(organon)将这些相关内容整理在一起。这种亚里士多德伦理学著作集工具论是由6部分构成的。其中范畴论(categoriae),解释论(de interpretatione)从中世纪开始已经则被波厄提乌斯翻译并广为人知。这一部分被称为"旧伦理学"(logica vetus)。剩下的部分分析论前传(analytica priora),分析论后期(analytica posteriora),论题论(topica),诡辩论(de sophisticis elenchis)到12世纪被阿拉伯哲学者爱维森纳和阿威洛依加以注释和介绍,才在欧洲社会为人所知。这一部分被称为新伦理学(logica nova)。参见[韩]李基相:《哲学노트》,Kachibooks 2002年版,第235页。

阿拉伯哲学家进行的鲜为人知的亚里士多德哲学研究成果从西班牙重新进入了欧洲大陆。[1]特别是，阿威洛依将自己的人生都花在对亚里士多德思想的研究上，并把他称为知性的化身、至上的老师。[2]这些亚里士多德的著作在西欧的传播并不是单纯的补充了新的思想。传来的文献使人们对由古至今坚信的观念产生了怀疑，产生了具有挑战的因素。[3]其提供了对以奥古斯丁所代表的柏拉图式的世界观进行批判的理论基础，[4]而且成为当时普遍论证的另一重要理论根据和强有力的方法论。

（三）亚里士多德哲学与经院方法论对中世纪法学方法论的影响

1. 概论

波罗亚学派开始研究法学汇纂（digesta）的时候，恰好经院哲学也迎来了新的变化，从此可以得出，当时成为学术主流的经院哲学对当时的法学研究产生了很大的影响。

以初期注释学派为主的中世法学方法论的基础是以所谓"自由三课"（trivium）的文法（grammatica）、修辞学（rhetorica）和逻辑学（dialectica）为中心成立的，独特的经院哲

---

〔1〕［韩］南基润："中世이탈리아에서의普通法学方法论"，载《法学论丛》2009年第1期，第18页。

〔2〕［韩］Park Seung-Chan："아리스토텔레스哲学의继受와스콜라철학의发展"，载《Catholic 哲学》2001年第3卷，第124页。

〔3〕［德］Josef Pieper, *Scholasticism*: *Personalities and Problems of Medieval Philosophy*, Kim Jin-Tae 译，Catholic 大学出版部2003年版，第149页。

〔4〕参见［韩］Park Seung-Chan："对形以上学对象의论争-哲学的神论 vs. 普遍的存在论"，载《中世哲学》2010年第16卷，第115~116页。

第二章 中世纪法学上的"原因"(causa)

学方法论。[1]本来在自由三课中修辞学是最被重视的,但是进入11世纪,因为文法学与逻辑学的迅速发展,自由三课的轻重关系发生了变化。特别是,通过11世纪跟文法学一起产生了令人震惊的发展的逻辑学,到12世纪占据了自由三课的中心地位,究其原因,正是此时期亚里士多德尚未传承的部分著作在欧洲地区的再现。

到12世纪初期,在欧洲只有波厄提乌斯翻译的亚里士多德的范畴论、解释论和波菲利的范畴论入门的译本。由此到12世纪后期,阿威洛依注释的工具论的剩余部分,即分析学前书、分析学后书、辩证术论(topica)和诡辩论者论驳、自然学、灵魂学和与自然科学有关的著作的一部分,还有形而上学等,从阿拉伯传来了用拉丁语翻译的译本,[2]亚里士多德的逻辑学作为三课的中心学问对中世法学产生了很大的影响。托马斯·阿奎那(Thomas Aquinas,1225~1274年)认为,逻辑学是使人类与按照特定自然本能行动的动物不同,而是能够按照理性来行动,容易调整理性的行动以及能够无错地思考的一种技术,同时作为"理性的学问"(rationalis scientia),可以被称为"技术中的技术"(ars artium),即"学问中的学问"(scientia scientiarum)。[3]

要注意的是,当时导致哲学和神学的信仰与理性关系的再

---

[1] 文法学是以公元5世纪 Martianus Capella 之著作为基础所发展而成的学科,修辞学与辩证学则是渊源于波厄提乌斯之著作。参见戴东雄:《中世纪意大利法学与德国的继受罗马法》,中国政法大学出版社2003年版,第85页。

[2] [韩] Park Seung-Chan:"스콜라철학 전성기의 三学의 体制",载《西洋古典学研究》2006年第25卷,第291页。

[3] [韩] Park Seung-Chan:"中世学问에서의论理学의功能",载《哲学研究》2001年第1期,第123页。

定义的亚里士多德哲学的颠覆式影响，在中世法学中并没有出现。因为，对于中世法学者们而言，尤帝法是成文理性（Ratio scripta），原文的权威对于社会生活行动规范跟信仰中的圣经一样是绝对不可被质疑的。[1]所以，他们并没有尝试从根本上去检验其作为真理的权威，只要求准确的认知和理解。[2]因此，他们重视而且接受的是亚里士多德的形式主义逻辑性方法论。

其中，特别是亚里士多德的原因论给注释学派的罗马法中"原因"解释论提供了研究方法，即首先对中世纪法学的方法论和亚里士多德的原因论进行简单的探讨，再探究注释学派对罗马法中的"原因"解释论。

2. 经院方法论对中世纪法学的影响

自波罗亚大学研究法学汇纂之后，中世法学终于具备了体系性和学问性的面貌。此时，法学研究中最重要的工作就是对浩如繁星的原文进行分析解释。这样的工作由被称为注释学派的法学家们主持进行。他们为了全面理解尤帝法，首先通过注释工作对各个条文进行分析和解释。注释（glossa）是指在原文的行间隔距和文章的空白处加上对原文的说明，[3]随着这样的注释日积月累，到阿祖和阿库秀斯的时代，出现了对此的理论上的解释。

---

[1] 戴东雄：《中世纪意大利法学与德国的继受罗马法》，中国政法大学出版社 2003 年版，第 85 页。

[2] [韩] Seo Eul-O："中世哲学에대한 아리스토텔레스의 影响"，载《法哲学研究》2004 年第 2 期，第 147 页。

[3] [韩] Seo Eul-O：《物权行为论에 관한 学说史的研究》，世昌出版社 2008 年版，第 106 页。

第二章 中世纪法学上的"原因"(causa)

这样的工作试图通过对尤帝法的个别法源和其他法源的类似句段的收集、引用、概括性说明(introductiones titulorum),进行归纳整理。但是,在此过程中,在作为权威的对象的尤帝法中,存在的多数矛盾被验证了,暴露出了行间和空白处的注释并不能全面地理解罗马法的缺陷。因此,作为经院法学的注释学派将其看作外观上的矛盾,为了证明尤帝法的无矛盾性,开始探索新的方法。[1]

由此以来,他们的第二个任务就是寻找能够解决其外观矛盾的方法。其方法以体系化和抽象综合的法原则,在尤帝法内部形成的新的罗马法原则,进而发现新的次序连贯性,从而试图解决矛盾。[2]为了达到这样的目的,首先要通过范畴化的工作,试图将尤帝法个别章节的素材体系化。这样体系化的方法是经院的逻辑学,即类(genera)和种(species)的区分(divisio)以及区别(distinctio)。区分是指从一般概念出发,将具有共同特征的个体按照种的差别细分为下位概念,从而全面地把握要素的方法。如果法概念被单纯的分类的话,这就是区分(divisio),在此基础上,根据要件或者法律效果的差别,将其继续加以分类,这就是狭义的区别(distinctio)。[3]通过这种方式,将条文表面的矛盾通过应用范畴进行分类,论证其

---

[1] [韩]南基润:"中世이탈리아에서의普通法学方法论",载《法学论丛》2009年第1期,第11页。
[2] [韩]南基润:"中世이탈리아에서의普通法学方法论",载《法学论丛》2009年第1期,第12页。
[3] [韩]南基润:"中世이탈리아에서의普通法学方法论",载《法学论丛》2009年第1期,第12页。

相互之间并不存在矛盾的事实。[1]举例而言，法典中有时候出现"帝王不受法律的拘束"，有时出现"帝王须受法律的拘束"，在这样相互矛盾的规定中抽出法律规定的含义差别，前者的法律是指帝王制定的成文法，而后者则是永久的自然法，从而解决了法典规定中字面上的矛盾。[2]

而且，他们还使用上述阿贝拉德著名的"肯定与否定"(Sic et non) 的方法论，把互相对立的见解罗列之后，探究各个的根据，调和尤帝法内部外观上互相矛盾的段落 (stelle)。[3]再进一步，他们使用归纳的一般化方法，试图从原文的各个案件中，归纳出一种抽象的、综合的法原则。这样归纳的一般化例子，能够在阿祖著有的注释法典汇纂的"关于法原则"(de regulis iurus) 一章的 apparatus 中见到。对于鱼来说，它确定

---

[1] 财产管理者的责任原则可以作为有关该区别的代表例子。Gestor neg(oti) orum aut tenetur de dolo tantum aut de dolo et lata culpa aut de dolo et omni culpa aut etiam de fortuito casu. 无因管理者只有基于恶意，基于恶意及重过失，基于恶意及所有过失，基于不可抗力的情况才承担责任。I. de dolo tantum: ut si affectione coactus, ne bona mea distrahantur, [et] negotiis meis te obtulisti. (I. 仅仅基于恶意：因为外部作用对财产保护期间财产受损的情况) II. de dolo et lata culpa: vt heres tutoris et curatoris (II. 基于恶意或重过失：作为监护人或者财产管理者) III. de dolo et omni culpa: vt tutor et curator, et (si), cum uir diligens admin (i) straturus erat, negotia mea gessisti. (III. 基于恶意及全部过失：财产管理人承担特别注意义务的情况) IV. de dolo et omni culpa et de fortuito casu: ueluti si ge (s) sisti nouum negotium, quod absens non sit solitus facere, vt uenales nouitios coemendo uel aliquam nouam negotiationem ineundo. (IV. 基于恶意和全部过失以及不可抗力：财产管理者做出新危险行为的情况) 参见 [韩] Seo Eul-O:"中世哲学에对한 아리스토텔레스의 영향"，载《法哲学研究》2004年第2期，第151页。

[2] 参见戴东雄：《中世纪意大利法学与德国的继受罗马法》，中国政法大学出版社2003年版，第91页。

[3] [韩] Seo Eul-O:"中世哲学에对한 아리스토텔레스의 영향"，载《法哲学研究》2004年第2期，第151页。

第二章 中世纪法学上的"原因"(causa)

属于对其占有的人,因为这样的标准也同样适用于野生动物或者鸟类,所以,所有的无主物属于先取得占有者的原则被确定了下来。[1]

3. 亚里士多德原因论在中世纪法学中的应用

(1) 亚里士多德的原因论。亚里士多德通过对柏拉图理想论的批判,主张对事物应进行客观观察和分析,并以综合方法为根据,并非思辨的、目的论的形而上学。根据他的观点,世间万物是由形象(edios: form)以及质料(hyle)结合在一起而构成的,形象从可能性的状态下得到质料,从而出现在现实之中。事物的潜在性完全实现的状态是完全态(entelecheia),idea 从潜在态向现实态发展,直至到达完成态。这意味着,理念并不是独立存在并先行于现实的,而是存在于现象的内涵之中。也就是说,跟主张"普遍者先行于事物"(universalia ante rem)的柏拉图不同,亚里士多德认为"普遍者内在于事物之中"(universalia in re)。[2]

他认为所有事物的变化都有一定的原因(因果论),把此原因分为四种:质料因(causa meterialis),形象因(causa formalis),能动因(causa efficiesns),目的因(causa finalis)。[3]其中,质料因和形象因被称为内因(causa intrinsecae),而能动因和目的因被称为外因(causa extrinsecae)。[4]因为万物以

---

[1] [韩]南基润:"中세이탈리아에서의보통법학방법론",载《法学论丛》2009 年第 1 期,第 13 页。

[2] [韩]吴世赫:《法哲学史》,世昌出版社 2005 年版,第 28 页。

[3] [意] José Llompart:《法哲学의길잡이》,郑钟休译,经世院 2011 年版,第 46 页。

[4] [美] Robert A. O'Donnell:《Hooked on philosophy: Thonas Aquinas made easy》,Lee Jae-Yung 译,Catholic 大学出版部 2000 年版,第 29~31 页。

质料和形象组成，所以，为了形成新的事物必须形象因和质料因，而且，由于需要一定的动因，能动因也是必需的，这样的变化指向一定的目的，因此也需要目的因。所有的个体都有运动的方向，这种运动的方向即为目的。[1]

（2）亚里士多德原因论对中世纪法学的影响。中世法学家们在亚里士多德的四种原因的基础上，追加了新的原因。包括跟能动因相关，必然产生一定结果的行动因（causa factiva）和虽然有目的但不产生必然结果的推进因（causa impulsiva）。连锁的因果关系之中，分为相较而言更近或更远的原因，因此追加了近因（causa proxima）和远因（causa remota）。还有，对于所有权转移，根据其法律效果，分为真正原因（causa vera）和误想原因（causa Putativa）。像这样，中世纪法学家们使用这些原因概念，在对罗马法原文"原因"的注释工作及其成果的基础上，对其展开了法学理论化工作。

乌尔比安 D. 2. 14. 7 中区分了产生诉权的合意（conventio）和只认定抗辩的裸的约定（pactum nudum）。前者是无名契约，因为成立具有诉权的合意需要原因，无名契约本身具有原因，所以它被赋予诉权。此原因就是指双方合意当事人之一的支付行为（先履行）。后者意味着，当任何的合意当事人都没有支付行为，只有交换相互合意的情况下，合意的原因不复存在，这样的合意不产生诉权。[2] 也就是说，在此段落之中的原因

---

[1] ［英］WilliamKeithChambers Guthrie, *The Greek Philosophers-From Thales to Aristotle*, 朴琮炫译，曙光社 2000 年版，第 165 页。

[2] 契约由两个要件构成。第一个最初的要件是原因或客观事实（negotium contractum），它是债的根据。另一个要件是后来由古典法学理论创设的，即当事人之间的协议（conventio）。参见 ［意］彼德罗·彭梵得：《罗马法教科书》，黄风译，中国政法大学出版社 2005 年版，第 233 页。

第二章 中世纪法学上的"原因"(causa)

是指,给双方合意赋予约束力的已履行的支付(先履行)。注释学派将此段落中的原因做了如此解释,为了明确其内容,加上"正当的"(justa)修饰语,而将其称作为"正当的原因"(justa causa)。他们认为:"原因就是给约定着服的供与或者行为。单纯的无名契约通过正当的原因,不着服的话,就成了裸体的状态,因此,不能产生诉权。"[1]

注释学派在他们的解释论中使用了亚里士多德的原因论,"原因"即为目的因,此目的因的存在与否决定诉权的发生与否。他们将目的因(causa finalis)当作合意的目的,并针对与目的因相区别的合意动机,使用了推进因(causa impulsiva)的概念。通过对希腊哲学中的法源"原因停止,结果也停止"(cessante causa cessat effectus)的引用,在此补充说,这里的原因所指的就是目的因,而非推进因。[2]

目的因和推进因的区分,对于无偿供与的成立意义更大。遗赠等既非有形化的契约形式,也不是作为双务契约的无名契约。对此而言,什么是其原因,即目的因,就成了一个问题。对此,后期注释学派的巴托鲁斯通过区分推进因(近因)和目的因(远因),得出赠与行为的本身就是目的因(近因),引起其行为的先行动机为推进因(远因)。[3]如前一章所述,赠与是在罗马法所有权的转移中最有代表性的原因之一。此赠

---

[1] [韩] 郑泰纶:"中세법학에서의 causa 概念에 관한 研究",载《法学论集》2006年版第2期,第162页。

[2] [韩] 郑泰纶:"中세법학에서의 causa 概念에 관한 研究",载《法学论集》2006年第2期,第166页。

[3] [韩] 郑泰纶:"프랑스와 독일에서의 原因论에 관한 研究",载《民事法学》2008年第42卷,第650页。

与即现实赠与，指的就是无偿供与行为。他们认为遗赠具有其法律效力就是因为将现实赠与行为作为原因，而先于现实赠与存在的意图是推进因（远因），不可作为目的因。这样推进因的缺失和瑕疵不会对法律效果产生任何的影响。

同时，通过对目的因（近因）和推进因（动机、原因）的区分，双务契约中的原因变得更加明确了。巴尔社斯（Baldus，1327~1400年）认为："在买卖契约中，对收买人来说，目的因就是标的物，而对于出卖人来说，则是代金。"他认为，买卖契约所趋向的目的因就是标的物和代金，而推进因只是一种行为的动机，而非本来的意义上的原因，因此，目的因就是契约债的根源。[1]

像这样，他们将原因和动机进行了明确的区分，得出了目的因是契约债的根源的结论。如此一来，原因论成为罗马法上不当得利、契约、所有权取得之中"原因"解释论的基础，经过中世纪法学家的发展而形成的"原因"概念也成为之后契约法原因理论、所有权取得之"titulus-modus"（名义—方式）理论，甚至近代物权行为等理论中的重要概念。

（四）教会法与罗马法

西罗马灭亡（公元476年）以后，欧洲进入中世纪。经过这一时期，基督教势力扩张，教会和王权相结合，形成了西欧宗教帝国。因此，教会法占据了重要的地位，自9世纪以来，教会法不仅统治了家庭、婚姻生活，土地所有，契约交易，继承等社会的所有关系，而且还渗透于政治、思想、意识

---

[1] 参见徐涤宇：《原因理论研究》，中国政法大学出版社2005年版，第80~81页。

第二章 中世纪法学上的"原因"（causa）

形态等之中。在中世纪初期，教会成为传播圣经和教皇教令等教会法规的主导者。直到 12 世纪之后[1]，随着欧洲罗马法的复兴，教会法迎来了全新的局面。

1140 年前后，在波伦亚从事教授活动的格拉梯安努斯（Gratianus,？~1179 年）编纂了格拉梯安努斯教令集（Dearetum Gratiani），他使用辩证法与经院学派的方式，整理包括教皇敕令、书信和各种教皇主教会议的决定等资料，去除其中存在的矛盾，从而构建了比较完善的著书体系。此著作虽然不是教会的法典，而是个人的著作，但是比当时的教会法更具有体制性，而且涉及的有关资料更为丰富，从此教会法从神学之中分离出来，以上就是教会法学（kanonistik）历史发展的出发点。[2]

此后，除了圣经和传统的日耳曼法之外，教会法学者们还以罗马法作为法律的渊源，并大量引用，而且他们跟同时代的罗马法学者们（注释学派、注解学派等）一起，共享了与法律的性质与功能相关的基本理论。而且，对于对立的事物进行的注释和整合也使用跟他们一样的方式。不仅仅是理论和方法论，教会法中新的具体的法律概念和制度也是在此时的罗马法学中借鉴而来。如此，在中世纪，教会法与罗马法学一起构成了法学的中枢。

如此一来，在契约法领域内，教会法学中的法规范和注释学派新发现的罗马法的概念与规则相结合，从而致使法学理论产生了重要变化。其中，"原因"理论占据着重要位置。

---

[1] [美]哈罗德·J. 伯尔曼：《法学与革命》（第 1 卷），贺卫方等译，法律出版社 2018 年版，第 199 页。

[2] 何勤华：《西方法学史》，中国政法大学出版社 1996 年版，第 85~86 页。

第二节 对于中世纪法学上的"原因"(causa)研究

一、绪论

现代合同法理论、物权变动理论和不当得利理论相互之间具有密切的关系，其中心的概念就是"原因"，[1]众所周知，causa起源于罗马法。

初期罗马法对物权的变动与债权的发生有严格的形式要求，因此，若想维持这种形式，不管行为者的意思如何，都会引起物权的变动和债权的发生，这是基本的原则。并且，为了维持这种基本原则，用现代词语表达的话，就是为了维持要式行为的无因性，一旦其产生与当事人意思相冲突的不公正结果，则可以通过不当得利制度的事后调整来解决。[2]但是，这种严格的行为要式性，到罗马后期变得更为温和，因此，由于什么原因引起物权的变动和债权的发生，并且其原因对于物权的变动和债权发生具有怎样的功能，对以上问题论争的必要性得以凸显。[3]

正如之前"罗马法上的正当原因"一章所讲的，"原因"在罗马法中主要适用于三个领域，其中，作为所有权转移根据的"原因"，以及作为约定效力根据的"原因"，通过中世纪

---

〔1〕[韩]郑泰纶："로마법에서의 원인론의 고찰"，载《梨花女子大学法学论集》2004年第1期，第93页。

〔2〕[韩]Hong Bong-Joo："부동산공시방법의 역사에 관한 비교법의 고찰"，载《一鉴法学》2009年第15卷，第93页。

〔3〕[韩]郑泰纶："中世法学에서의 causa 概念에 관한 研究"，载《法学论集》2006年第2期，第146页。

第二章 中世纪法学上的"原因"(causa)

的注释学派得以深刻讨论。同时,教会法学者作为中世纪法学的另一重要力量,在解决世俗法和教会法之间矛盾的过程中,也对约定效力根据的原因给予相当关注。中世纪法学关于原因的研究为此后的物权变动理论及合同理论的出现和发展奠定了基础。接下来,将探讨中世纪法学中的"原因"研究,以及物权变动理论和合同理论对该理论是如何继承和发展的。

二、关于所有权转移以及误想原因

对于保罗 D. 41.1.31 pr 的标准注释(glossa ordinaria)上的注释在萨维尼以前,被评价为关于所有权转移原因最重要的文献,[1]特别是所谓"iusta cause"这种比较长的注释部分,对以后的法律史产生了很大的影响。内容如下:

Iusta causa,真正或者误想的 causa。即如果根据误想的原因不产生所有权的转移的话,关于非债清偿返还请求一章的适用前提将存在矛盾。这章适用在某种物的所有权根据误想原因而转移的情况。通过这种要式口约的诺约也是如此:比如在 Ulp. D. 44.4.2.3 中"si quis sine causa"或者认诺,以及 Paul. D. 22.3.25.4,还有 C. 2.3.20 和 D. 39.5.26。

其中,注释学派将"原因"区分为真正原因(causa vera)和误想原因(causa putativa)。在罗马时代,并不存在这种区分,这种区分是注释学派独创的成果。

真正原因是指如同有效的买卖合同——以所有权转移为内

---

[1] [韩] Seo Eul-O:《물권행위론에 관한 학설사의 연구》,世昌出版社 2008 年版,第 107 页。

容的合同。关于误想原因的例子在学说汇纂中的非债清偿这一章（de caondictione in debiti：D.12.6）中有很多。在罗马法中，如果构成清偿非债（indebitum）的话，首先清偿行为（solutio）会被认定有效，而完成所有权的转移。如果把"原因"局限于如同买卖合同的债权契约的话，就是在任何债务都不存在的状态下进行的清偿，作为不存在"原因"的让渡，依据保罗的见解，就是"单纯让渡"（nuda traditio），而不能产生所有权转移效果。但是，罗马人连在这种情况下也认为能够产生所有权转移。显示他们这种态度的许多事例在关于非债清偿的学说汇纂第12卷第6章（D.12.6）。正如之前已谈及的作为所有权转移根据的原因而发生的清偿部分，实际是因清偿所具有的特点而产生的。注释学派也注意到了此点。

注释学派解决了非债清偿的内容和保罗所讲的"单纯的让渡不能转移所有权，只具有'原因'的让渡才能转移所有权"的法律原则之间的矛盾。并且，为了将两者进行体系整合，将"原因""分类"（divisio）为真正原因和误想原因。

非债清偿是不存在债务（非债：idebitium）的清偿。在很多情况下，通过让渡的所有权转移是以债务为原因而实现的。但是，如果作为原因的债务不存在的话，清偿就不可成立，因此，不存在债务的清偿中的让渡，是不具有原因的一种单纯的让渡。按照保罗的观点，在这种情况下不能发生所有权的转移效力。这些显示了非债清偿的事例和保罗的关于所有权转移法原则之间的矛盾。为了解决这种矛盾，注释学派将清偿分为作为真正原因的清偿和作为误想原因的清偿，并分别进行了解释。也就是说，本来非债清偿中的原因是不以债权关系为根据的原因。但是他们认为虽然这不是一种真正的清偿，即以有效

第二章 中世纪法学上的"原因"(causa)

的债权关系为依据的清偿,但是也可以作为所有权转移的原因。而且他们把原因又分为真正原因和误想原因并且把非债清偿看作可以产生所有权转移效力的误想原因。他们通过这种方式解决了非债清偿和学说汇纂第12卷第6章之间可能存在的矛盾。[1]

本来在罗马法中,误想原因之所以可以被认定为通过让渡的所有权转移的原因,是因为现实占有转移是以债务人具有所有权转移意思为基础而进行的一种所有权转移。不管债务人和债权者之间是否存在债务关系,就标的物的让渡而言,如果债务人把占有权转移的目的认为是所有权转移的话,虽然债务人和债权者之间并不存在债务关系,债务人的所有权转移的意思是作为和债务关系相独立的"清偿",即原因,完成所有权转移。在保罗的段落中显示了罗马人的如此思路,此种见解成为批判"titulus-modus"(名义—方式)理论和主张抽象物权行为理论的萨维尼观点的核心。

此外,也有些学者用注释学派同等看待原因和债权关系的理论倾向来解释以误想原因维持非债清偿效力的现象。[2]即,他们认为注释学派所希望的是,确保所有权转移效果的根据的

---

[1] 乌尔比安在 D. 12.6.1 称,"现在来看非债清偿"并且,还在 D. 12.6.1.1 称,"确实,如果某人在不知情的情况下,支付了一笔非债,则他可以通过这个诉讼要求返还;不过,如果他明知自己不负债务而仍为支付,则不得提出返还请求"。该内容意味着,对于以非债清偿已经进行的所有权转移,在非债的恶意情况下,不得提起不当得利返还诉讼,在善意情况下,则可以提出。也就是说,对于以非债清偿已经完成所有权转移并产生效果的情况,该段落将以非债清偿产生的所有权转移事后处理问题,即该段落也承认以非债清偿的所有权转移效力。

[2] [韩] Seo Eul-O:《물권행위론에 관한 학설사의 연구》,世昌出版社2008年版,第112页。

有效性。这个研究实质上反映了这样的一种倾向,对于原因,不再从占有转移的意思中来寻找其根源,而是把它与占有转移行为相分离,将它看作与占有转移行为相独立的原因、依据。这种倾向与当时以原因论为中心的契约法的发展有关。

非债清偿把债务和让渡作为基本构成,在不存在债务却进行让渡行为的情况下,成立非债清偿。此时,债务存在与否无法对让渡效力产生任何影响。由此,这意味着因为存在着一种与债权关系不同层次的"原因",所以才产生了通过让渡的所有权转移效力,并且债权关系并不总是产生让渡效力的原因。

事实上,在初期罗马时代,通过让渡的所有权转移还不具备债权关系和让渡这两个基本构成要件,因此还需要作为必要条件的原因。对于这个"原因",正如之前所说,应该将其看作从所有权转移的让渡(实质占有转移中的)的心素发展而来的。这种从占有的心素发展而来的"原因",随着以后罗马法中的契约类型化这一倾向,一部分作为契约类型被吸收,而像无名契约这样的非法定契约在所有权转移方面,则保持了其原始的清偿原因性质。特别是,作为该种清偿原因的原始性质,在非债清偿中表现得更加明显,在通过让渡的所有权转移中,债务关系的有无对所有权转移效力不产生影响,仅仅是以所有权转移意思来作为原因的清偿本身赋予让渡效力。

关于罗马法的这种非债清偿制度,注释学派是这样来解释的:将清偿和占有转移意思相分离,把清偿看成完全独立的原因,并通过所有权转移体系来解释因非债清偿产生的所有权转移效力。这种现象在物权变动方面表现为原因作用的减弱和无因性理论的萌发。通过他们的研究,包含清偿的所有权转移中的"原因",随着逐渐被吸收成为债权关系,进而达到"titulus-modus"（名义—方式）理论，最终意味着债权关系。

三、作为约束效力根据的"原因"（causa）：原因论的形成

通过中世纪的原因论可以发现罗马法原因的概念最终归属于债权的过程。

（一）注释学派所开始的原因论

注释学派关注了尤帝法中另一个重要的原因，即作为约定效力根据的原因。因为作为约定效力根据的原因能对债务产生的影响，所以他们以乌尔比安 D. 2. 14. 7 中的两个章节为中心，对此进行了讨论。内容如下：[1]

在 Ulpianus D. 2. 14. 7. 2 中，"即使法律行为不属于其他任何的契约类型，但是如果存在与其相关的原因的话，正如阿里斯托（Aristo）好好地回答塞尔苏斯（Celsus）一样具有约束力。比如说，因为你给我了一件东西，所以我给你一件东西，因为你给我干了一件事，所以我给了你一件东西。这就是一种牵连性（Synallagma），由此产生了市民法上的约束力"。在 Ulpianus D. 2. 14. 7. 4 中，"但是如果原因不存在的话，仅存在意思的一致（convention）是不能产生约束力的。根据裸的简约[2]（nuda pactio）不能产生任何的约束力，仅能产生抗辩权（exceptio）"。

---

[1] [韩]朴熙昊:"原因伦形成에关한研究"，载《法学论丛》2013 年第 2 期，第 94 页。

[2] 裸的约定是指不属于罗马法所规定的法定形式的契约的约定。它不具有诉权，仅具有抗辩权。

像这样，乌尔比安将产生诉讼权的协议（conventio）和仅产生抗辩权的裸的简约（pactum nudum）相对立。并称，因为无名契约不属于法定契约，所以只有当原因存在时，才能具有约束力（即，诉权），不存在原因的裸的简约则不能具备约束力（即，诉权）。

注释学派则试图去理解在段落中关于原因的概念和功能。

他们首先以是否存在"原因"来作为标准，区分成仅有单纯的协议的裸的简约（nuda pactio）和发生所有权的着服简约（vestita pactio）。早在罗马时代，在诉权的根源中就已经认为当事人的意思一致形成于形式之前。[1]因此，注释学派认为为了产生诉权，在意思一致的基础上，必须还要具备追加要件，而他们就把"原因"指定为该要件。进而注释学派解释了在原因的过程中所使用的无名契约的追加条件。此过程中以无名契约的追加条件，即相对方的给付履行为为目的而提起诉讼的一方，根据罗马法所规定，首先履行自己义务，将先履行作为原因。

（二）由后期注释学派展开的原因论

以注释学派对于罗马法注释为中心的研究，随着阿库秀斯在1235年完成标准注释书（glossa ordinaria），也最终告一段落。从那时开始，罗马法学者关心的对象从对罗马法的准确理解及其解释转向了对罗马法的体系化和一般化的研究。这个时期的学者被称为后期注释学派。阿库秀斯在标准注释书里，除去之前的乌尔比安的段落（D. 2. 14. 1. 3），而是通过 D. 44. 4.

---

[1] D. 2. 14. 1. 3："正如 Pedius 所说的，不管以事实行为还是言语，如果不具有意思的合意，就不存在契约或拘束关系。"

第二章 中世纪法学上的"原因"(causa)

2.3 和 C.4.30.13 以及 D.22.3.25.4 对原因进行了详细的讨论。这些有关原因的讨论是通过与金钱不受领的异议相联系来实现的。

1. 金钱不受领的异议

金钱不受领的异议是为了在金钱消费借贷中从恶意的贷主一方保护借主利益而导入的。

原本,消费借贷作为一种实物契约,如果标的物的所有权转移不成立,消费借贷就不能成立,这是消费借贷的原则。但是,就实际运用方面而言,在签订消费借贷协议之前,贷主会通过要式口约让借主先定一个"承诺将返还约定的所借金额"的约定。到公元前1世纪,受到希腊的影响,通过立字据的方式来确定契约内容的方式变得更加普遍化。[1]因此,贷主首先让借主在消费借贷的字据上签字,然后再附加一种要式口约,最后完成消费借贷的方式也更加普遍。[2]

原本,要式口约不仅是具有严格的要式行为,而且在内容方面,也是具有偏务性[3]和无因性特性的法定契约。偏务性是指在要式口约中,债务仅由诺约者一方承担,要约者的相反债务不仅不被表示,而且相反债务的履行与否并不能对诺约者的债务产生任何影响。也就是说,要式口约具有这样一种特性,即仅把诺约者一方的债务作为契约的内容。除此之外,在

---

〔1〕 [英]巴里·尼古拉斯:《罗马法概论》,黄风译,法律出版社2010年版,第181页。

〔2〕 [韩]郑泰纶:"로마법에서의 원인론의 고찰",载《梨花女子大学法学论集》2004年第1期,第99页。

〔3〕 [英]巴里·尼古拉斯:《罗马法概论》,黄风译,法律出版社2010年版,第154~155页。

要式口约中，仅有约定履行特定债务这一内容，但关于为什么要履行这一债务，契约中却没有提及，这就是要式口约无因性的特征。

正是因为要式口约的这种特征，所以在运行上，出现了一些不合理的问题。比如说，在买卖契约中的代金支付债务以要式口约成立的情况，如果仅仅按照其要式口约本身来看，不仅无法得知诺约者就是买受人这一事实，就连金钱债务是买卖代金这一信息也无从知晓。这是因为要式口约中仅具有"我承诺给你一定的金额"这一内容。[1]由此，对除契约当事人之外的第三者，特别是法务官来说，如果仅看要式口约的话，就不能得知给予金额的具体原因，而且作为买受人的诺约者也无法拿买卖契约的无效或不成立来主张没有发生债务关系。但作为这种要式口约的要约者，即出卖人，即使没有让渡物品，也可以行使诉权来要求买卖代金。

这种要式口约在金钱消费借贷中的使用，也产生了一些不合理的问题。虽然借主在领取金额之前，已经首先以书面的形式来承认债务的存在。但是如果以后无法领取或者是领取到少于之前所约定的贷金，也要承担字据上所写借贷金额的债务。在这种情况下，借主依旧会承担风险。虽然，当债权者在提起诉讼的时候，债务者可以用欺骗抗辩（datio ob causam：恶意抗辩：exceptio doli）来进行对抗。[2]但此时，必须由债务者一方来证明没有实现金钱提供，并且一旦存在证明领取金钱的

---

〔1〕［韩］朴熙昊："原因伦形成에관한研究"，载《法学论丛》2013年第2期，第100页。

〔2〕［德］维尔纳·弗卢梅：《法律行为论》，迟颖译，法律出版社2013年版，第187页。

第二章　中世纪法学上的"原因"（causa）

字据，这种情况下，就很难证明没有实现金钱提供。因此，为了保护处于这种不利情况下的善意债务者，实行了一种革新的举措，就是"金钱不受领的异议"。也就是说，从 3 世纪初期开始，不管在债权者提起诉讼之前或是之后，用字据来承诺的债务者，都可以通过金钱不受领的异议来否认其债务关系。如果债务者提出金钱不受领的异议，贷主需要用除字据以外的方法来证明金钱的提供。[1]这种金钱不受领的异议与金钱借贷相结合，麻痹了实物契约的性格，即以标的物转移作为产生效力的原因，并且除去了赋予契约约定效力的要式口约（要式口约字据）无因性。因此，伴随消费借贷的要式口约（要式口约字据），将不再给贷主带来特殊的好处。

2. 阿库秀斯的注释

D. 44. 4. 2. 3：如果某人在没有原因（sine causa）的情况下签订了要式口约，并且以该契约作为根据来提起诉讼的话，对此可以进行欺诈抗辩（exceptio doli：恶意抗辩）。这是因为，即使他在签订要式口约时没有任何恶意，但是他在提起诉讼时是出于一种恶意（欺骗），这一点是不能否认的。因为他通过这种方式来，只主张由要式口约所产生的请求权。况且，即使他在签订契约的时候可能拥有正当合法原因，但是现在或许已经不具备了。但如果是出于收回货款的目的来签订要式口约，并且仍旧处于未收到货款的情况下，即使要式口约的原因

---

〔1〕 但是，该异议只有在有效期间内才能被债务人承认，如果期间未提出异议，那么则推定债务人承认证书上所记载的消费借贷，同时，排除与此相反的论证。异议期间最初是指证书完成之后 1 年，但戴克里先皇帝时则变为 5 年，尤帝时期之后则变为 2 年。

是特定的，但倘若其原因并不存在或者是已消失的话，也可以履行抗辩权。[1]

D.44.4.2.3指出了在金钱消费借贷中发生的不合理性，并且提出了相关的解决方法。即，在签订金钱消费借贷的过程中，贷主为了取得所偿还金额，要求借主签订关于金钱支付的问答条约。但之后借主并未收到所借金额，或已偿还所借金额，但贷主依旧提出诉讼的情况下，法务官将授予诺约者（债务者）恶意（欺骗）抗辩权，来保护诺约者这一相关内容。[2]它首先对要式口约原因具有要求，如果在要式口约中原因不存在的话，就会授予借主（债务者）恶意抗辩权。只是，相关的举证责任需由借主承担。

C.4.30.13：为了确保基于事前原因（ex antecedente causa）而产生的金钱债务，所以才制定了一种债务字据。如果字据发行者在字据中已经标明原因的话，那么是不允许发行者要求债权者对其原因进行立证的。因为他应当遵循自己之前所承认的内容。[3]

在C.4.30.13的注释中，就原因的效果进行了讨论。这些注释作为解释在文书契约中有关证明责任的章节，其内容是这

---

[1] [韩] 朴熙昊："原因伦形成에关한研究"，载《法学论丛》2013年第2期，第99~100页。

[2] [韩] 朴熙昊："原因伦形成에关한研究"，载《法学论丛》2013年第2期，第101页。

[3] [韩] 朴熙昊："原因伦形成에关한研究"，载《法学论丛》2013年第2期，第101页。

第二章 中世纪法学上的"原因"(causa)

样的。关于金钱债务,在已经形成书面形式并且发行的情况下,如果在字据中,原因已经被标明的话,那么就应由发行者来承担立证责任,来证明这份字据是在不存在原因的情况下成立的。也就是说,要根据原因存在与否来决定举证责任的归属对象问题。这个敕令是引用了有关文书契约(litteris)的敕法,正如之前所讲的,要式口约脱离了以往的典型性而普遍采取一种书面形式。要式口约由此也可以成为书面契约的一种。受到这种影响,后期注释学派不仅仅采用要式口约,也用文书契约的方式来对"原因"内容进行了解释。Söllner、Zimmermann称,后期注释学派在注释中把事前原因(antecedens causa)解释为事前合意(negotium antecedens),并且试图将其与让渡的正当原因(iusta causa traditions)看作一体。也就是说,正如在所有权转移的物权变动中,需要一种作为让渡的正当原因,并且使其合理化的事前合意(针对所有权转移的合意)一样,发生诉权也需要一种正当原因,而这个正当原因就是事前合意(针对承担债务的合意)。[1]像这样,对后期注释学派而言,要式口约的原因成了一种当事人在签订要式口约之前的事前合意。

D.22.3.25.4:如果主张债务字据是在没有债务的情况下签订的,但对于这一点却未提及的情况(indiscrete loquitur),也就是说债务的原因未被标明的情况下,需要由自称债务者的一方来证明实际存在债务。但是在债务原因存在的情况下,债

---

[1] 这里,我们可以看出后期注释学派已经将物权变动的正当原因放入契约的范畴。

务字据的签订者需要来立证不存在债务。[1]

后期注释学派根据这一章节,将没有标明债务原因的契约书称为"cautio indiscreta",将标明债务原因的契约书称为"cautio discreta",并且以"cautio indiscreta"成立的契约根本不具备效力,即属无效契约。在保罗 D. 44. 4. 2. 3 的注释中,仅仅提及原因必须存在,与其相反,在这一注释中,在没有标明原因的情况下,契约无效,也就是说,原因被认为是契约效力要件(包含要式口约的文书契约)。这种对要式口约解释与不管原因存在与否都赋予诉权的古典罗马法不同,它是把原因作为要式口约的效力要件。也就是说要式口约变为一种有因行为,即原因不存在的情况,根本就无法产生诉权或者是请求权。与此相关,在这里需要留意的是,随着罗马古典时期契约形式主义的衰退,具有程序法意义的抗辩权(exceptio)也慢慢开始具备实体法的意义。经过后期注释学派的研究,无效和通过抗辩权的诉讼驳回之间的区别也逐渐减小,最终得出抗辩权存在意味着不存在效力要件的结论。

通过阿库秀斯的注释,金钱消费借贷中的要式口约丧失了要式性和无因性。对于包括要式口约在内的文书契约,原因则成为契约的效力要件。

(三)教会法学中的原因论

教会试图对道德上违反义务的所有行为加以制裁,由此,一旦违反约定,就要加以惩罚。为了确保这种对违反约定行为的制裁,便采用了一种誓约宣誓(le serment promissoire)的手

---

[1] [韩]朴熙昊:"原因伦形成에关한研究",载《法学论丛》2013 年第 2 期,第 102 页。

第二章 中世纪法学上的"原因"(causa)

段。[1] 从1180年开始,教会法将"无论契约形式如何,都具有效性"当作一般教理。在对教会法令的一般注释中,我们可以看到一些共同的见解,根据这些见解,连对所有要求履行单纯约定的一方,也都赋予"教会法上的返还请求诉权"(condictio ex canone),因此,"从裸的约定中产生诉权"(ex nudo pacto actio oritur)的法彦一般可以得到认可。[2]

这种推论与其说是通过法定探讨来成立的,不如说是以神学立场作为前提来实现的。要式口约的偏务合意中包括了此种逻辑,承诺人被迫无条件按照约定内容来履行债务,如果不履行债务则被视为犯罪。这最终将"裸的简约"中的道德义务转变成一种法定债务。[3]

教会法这种原则与罗马法上的"裸的简约不能产生债务和诉权"[4]的原则产生了很大的冲突。但当时的教会法学者们对规范的问题赋予一种法学形式的时候,借鉴了罗马法,由此教会法学者首先要解决教会法和世俗法之间的矛盾。

这个工作是在对裸的简约的"立证"过程中进行的。在教会法中,"约定"对约定者具有约束力。但是,对于没有形式仅由单纯的语言来构成的约定,想证明其存在是十分困难的,因此,一般通过书面的方式来确保约定的存在。

---

[1] [韩]郑泰纶:"중세법학에서의 causa 개념에 관한 연구",载《法学论集》2006年第2期,第154页。

[2] [韩]郑泰纶:"중세법학에서의 causa 개념에 관한 연구",载《法学论集》2006年第2期,第154页。

[3] [韩]郑泰纶:"프랑스와 독일에서의 원인론에 관한 연구",载《民事法学》2008年第42卷,第639页。

[4] [英]巴里·尼古拉斯:《罗马法概论》,黄风译,法律出版社2010年版,第179页。

13世纪初期，为了确保此种书面的有效性，开始出现需要什么条件的问题。对于这个问题的解答是由注释学派在之前所提及的 D. 22. 3. 25. 4 和 C. 4. 30. 13 中[1]发现的。格里高利九世（Gregoire Ⅸ）在给圣巴泰勒米岛（Saint-Barthelemy）的书信中模仿了文本中的表达方式，并且直接引用了罗马法上有关写明债务原因的字据（cautio discreta）和未写明债务原因的字据（cautio indiscreta）两者之间区别的内容。随着他们对文本的引用，债务证书被与裁判以外的自白同等看待，在这里原因需要明确地标识出来，裁判官对不存在原因的约定不予考虑。到了14世纪，教会法学者们开始集中对约定本身的有效要件进行探究，此时，不仅依旧直接引用九世关于债务字据（cautio）的论述，而且将适用对象从单纯的字据扩张到普遍的语言约定。

　　对于此种现象，既是注解学派又是教会法学者的巴尔社斯认为，简约是否具备要式口约或者是否具备要式其实并不重要，只要简约不缺少原因，那么简约的有效性将不受影响。[2]与此相同，教会法也对所有的协议不再赋予约束力，并称，只有具有正当原因（定义的意义上）的协议才具有法律约束力。"如果承诺者具有一种期待中的明确的结果，此结果或者是某种具体的法律行为，或者是诸如和平这类更为广泛的目的，那么就存在着'原因'。因为为了使道德性得以维护，承诺人不仅应有一种目的，而且这种目的的确应当是合理

---

〔1〕 在 D. 22. 3. 25. 4 和 C. 4. 30. 13 中把证书分为记载债务原因的证书（cautio discreta）和不记载债务原因（cautio indiscreta）的证书。

〔2〕 [韩]郑泰纶:"프랑스와 독일에서의 原因论에 관한 研究"，载《民事法学》2008年第42卷，第640页。

第二章 中世纪法学上的"原因"(causa)

的和平等的。"[1]

教会学者们认定具备原因的所有约定是有效的,因为存在着一种纯粹的意思一致。契约的有效性仅仅是诺约者在表示其意图的时候存在,正是这种内在的意图才赋予约定一定的效力。以此为根据,有关裸的简约的教会法理论认为,所有具备深思熟虑的"意思"而实行的约定都可以被认定为一种"契约",这时这种深思"意思"便是"原因"。

(四)由注解学派提出的"原因论"的确立

注解学派受到注释学派及其后世法学理论的影响,虽然其与注释学派一样对罗马法进行了注释,但其表现出一种格外重视实践问题的理论倾向。之前的罗马法仅仅作为一种局限于大学的研究对象,但是注解学派则在将罗马法的法律知识运用到实践方面起了重要的作用,并且,罗马法由此成为中世纪重要的法律依据。注解学派的中心人物是巴托鲁斯(Bartolus,1314~1357 年)和他的学生巴尔杜斯,特别是巴尔杜斯,他将注释学派的局部原因论扩展到契约整体从而开辟了具有现代意义的原因论。[2]

巴尔杜斯作为当时的教会法学者(Kanonist)兼罗马法学者(Legist),灵活运用罗马法和教会法知识,将由注释学派提出的局部原因论演变成一般契约的主题。巴尔杜斯将起源于注释学派的裸的简约和着服协议的区别作为前提,明确了原因的实质意义,并且将由注释学派提出的仅仅局限于一部分契约

---

[1] [美]哈罗德·J. 伯尔曼:《法学与革命》(第 1 卷),贺卫方等译,法律出版社 2018 年版,第 242 页。
[2] [韩]朴熙昊:"원인론형성에관한연구",载《法学论丛》2013 年第 2 期,第 102 页。

(要式口约、文书契约)的原因论一般化,使其成为一般契约的效力要件。

他为了解释自己的原因论,首先把继承亚里士多德原因论的托马斯·阿奎那的理论作为自己的方法论。在经院哲学中说道,万物的存在具有其原因,即全部作用也具有某种原因。[1]这种关于原因的观点,引申出一种结论,即,在产生法律效果的请求权或诉权的所有契约中,也必定存在着某种原因。这给巴尔杜斯提供了一种将罗马法上的原因适用于所有契约类型的方法论。

首先,巴尔杜斯利用在原因论中的作为外部因(causae extrinsecae)的能动因(causa efficiens)和目的因(causa finalis)来试图将罗马法上的原因一般化。他把后期注释学派认为的要式口约原因,即事前合意(negotium antecedens)理解成目的因,并对目的因通过以下例子来进行了解释。"在买卖契约中,目的因对买受人来说是标的物,对出卖人来说是价金。"[2]也就是说,他把契约的目的因看作是债务承担者的利益。如果依据他的见解,作为相关段落背景的金钱消费借贷中要式口约的"原因",即是在消费借贷中债务者取得的金钱。巴尔杜斯更进一步认为,倘若除目的之外,还存在着"具有说服力的原因"(non cogens sed persuadens),这则是产生诉权或是请求权的"原因"。这里的"原因"就是能动因(causa efficiens)。对于巴尔杜斯来说,在"原因"于书面中得以明示的情况下,其原因则起着证明通过要式口约来承担债务的行为

---

[1] [韩]朴熙昊:"原因伦形成에관한研究",载《法学论丛》2013年第2期,第105页。

[2] 徐涤宇:《原因理论研究》,中国政法大学出版社2005年版,第80~81页。

第二章 中世纪法学上的"原因"(causa)

并非起源于无知(stultitia)的作用。通过巴尔杜斯的这个解释,可以提取出所谓"表意者真正性"即原因的作用。换句话说,由于巴尔杜斯把原因的作用看成是一种确认当事人真正性的标志,所以他认为如果能够表现当事人真正性的话,则可以成为原因。[1]这就是给由债务者承担债务这一行为赋予正当性的能动因。综上所述,作为一种能够认定表意者的真正性的根据,在得以明示的情况下,能动因则作为一种原因存在,要式口约的有效性也可以得到认定。

并且,巴尔杜斯将局限于要式口约以及与其相关的文书契约中的原因论借用经院哲学将其扩张适用到所有的契约领域,因而他主张所有的契约都必须有特定的原因(目的因、能动因),契约的当事人不能随意提起诉讼,并且原因的存在是诉权存在的前提要件。正如此,巴尔杜斯将所有足以证明当事人真正性的对象认定为原因,同时如果其他要件也具备的话,那么在其得以明示的情况下,这个契约就完全可以被看作是有效的。

巴尔杜斯的原因论逐渐被近世纪自然法学者所接受,特别是在法国法的发展过程中,由多马(Domat,1625~1692年)和波蒂埃继承并发展成为原因理论。[2]在这个过程中,目前对合意赋予请求可能性的"原因"被"契约的自由"所代替,而失去了原本的意义。[3]

---

〔1〕[韩]朴熙昊:"원인론형성에관한연구",载《法学论丛》2013年第2期,第107页。

〔2〕[德]维尔纳·弗卢梅:《法律行为论》,迟颖译,法律出版社2013年版,第196页。

〔3〕[韩]郑泰纶:"독일의德国에서의无因의物权行为",载《法学论集》2005年第2期,第62页。

第三章
日耳曼法的物权变动和"titulus-modus"（名义—方式）理论的形成及其立法化

第一节 在日耳曼法上的物权变动

一、绪论

德国地区在继承罗马法之前，一直采用他们传统日耳曼法上的物权变动方式。这种物权变动方式随着社会变化，在自身发展的基础上继承罗马法，从而形成了一种与罗马法相互融合的新的法理。就物权变动而言，随着之后不动产所有权让渡合意（auflassung）和作为公示方式的登记制度的确立，日耳曼法的传统法理与罗马法上的让渡（traditio）概念产生了抵抗。与此同时，通过与罗马法融合的过程，日耳曼法的传统法理继承了罗马法上的 jus in re 和 obligatio 概念的区分，同时传统的 sala 和 investitiura 取代了罗马法上的 obligatio 的概念进而形成了 jus ad rem。在这个过程中，关于物权变动的日耳曼传统法理必然会受到罗马法的所有权转移中 traditio 和 causa 的影响，但在不动产方面，罗马法的 traditio 被传统的不动产所有权让渡合意和登记制度代替。并且，罗马法上重要的所有权转移要件 causa 开始完全脱离让渡，并将其根源转移到债权契约中。

第三章　日耳曼法的物权变动和"titulus-modus"（名义—方式）理论的形成及其立法化

在此之后，经过人文主义法学和自然法学时代，causa 被德国法上"titulus-modus"（名义—方式）理论中的 titulus 所代替，然而，在法国法的意思主义物权变动体系中，causa 作为意思主义的核心，作为契约有效要件被编写进去。

此后的 300 多年内"titulus-modus"（名义—方式）理论一直在德国法中占据着支配地位，直到受到萨维尼的物权行为理论批判，最终"titulus-modus"（名义—方式）理论被普鲁士一般城市法和奥地利民法当作物权变动的基本理论所吸收并将其立法化。

二、传统日耳曼法的物权变动和等级制度

（一）gewere

在日耳曼法中意味着占有（gewere）和罗马法中占有（possessio）是不同的概念。罗马法上的占有是指一种与对标的物本权无关的，作为指示事实状态的概念，相反，在古代日耳曼法中，因为根本不具有占有和所有权（本权）相分离的观念，所以仅通过外在表现出来的现实占有这个状态来确定本权。[1]因此，对标的物的权利必须要根据占有状态来推测和实现。这种现实支配状态的占有被称为 Gewere。[2]占有要求必须通过占有的转移才能实现物权转移，从这一层面而言，占有具有权利推定力（Vermutung-swirkung）和权利转移效力（Transla-

---

[1]［韩］郭润值：《物权法》，博英社 2006 年版，第 137 页。
[2] 但是，在继承中则承认观念的占有（ideelle gewere）并保护非现实的占有。参考王泽鉴：《民法物权》，北京大学出版社 2010 年版，第 411 页；此时的 gewere 被称作现实的 gewere，与之后出现的类似于占有取得的法定 gewere（rechte gewere）相区别。

tivwirkung)。并且,占有允许对他人的占有侵夺和妨碍行为实行自力防御,以及占有侵夺情况可以通过诉讼来提出返还请求,从这一点来讲,占有还具有一种防卫效力(defensivwirkung)。[1]因此,在古代日耳曼法的不动产买卖中,相互合意和占有转移以融合的状态,以占有转移这一事实行为作为中心,作为一种现实行为来实现现实买卖。

(二)契约(sala)和 investitura

到了5世纪法兰克时代,社会的变化、发展过程中经济活动领域的扩大以及观念的进化唤醒了所有权的观念性。由此,仅靠现实占有转移来实现所有权转移开始具有一种制度性的缺陷,并且具有意思要素的契约比重逐渐扩大。因此,现实让渡变得缓和,而转变成一种书面形式或者代用性、象征性的所有权让渡行为。[2]最终所有权让渡行为分化发展成为现实占有转移行为的 investitura 和之前裁决外的契约。[3]

初期的契约,让渡人在证人面前用一种意识性的意思表示(口述)来约定不动产的让渡,向受让人交付一种不动产的象征物——树枝、秸秆或者是土块,来实现不动产的让渡。[4]初期的 Investitura 是指获取现实占有的行为。[5]也就是说,是

---

[1] 王泽鉴:《民法物权》,北京大学出版社 2010 年版,第 411 页;这种 gewere 具有现代法中权利的推定、权利的公示以及自救、善意取得制度的特征。参见[韩]郭润值:《物权法》,博英社 2006 年版,第 137 页。

[2] [韩]金容汉:"物权行为의独自性理论",载《学术志》1973 年第 2 期,第 3 页。

[3] [日]好美晴好:"jus ad rem とその发展の消灭—特定物债权の保护强化の一断面",载《一桥大学法学研究》1961 年第 3 期,第 198 页。

[4] [韩]秋信英:"不动产登记簿의历史",载《土地法学》2001 年第 17 期,第 50 页。

[5] 此后,则指封主向家臣授予封地的象征性让渡。

第三章 日耳曼法的物权变动和"titulus-modus"（名义—方式）理论的形成及其立法化

一种履行在对事物实际支配状态下的占有的让渡行为。对此有关的详细内容，存在许多的学说，以下则对其中的 gierke 进行了解释。[1]

不动产买卖程序是由所有权让渡的意思表示和让渡的履行来构成的。这时，所有权让渡的意思表示就相当于契约，让渡的履行就是 investitura。契约不具备物权的效果，仅明确表示出有关物权支配转移的意思合意。这种契约是指通过对标的物象征性的让渡来要实现所有权让渡（übereignungserkärung）的表示，不动产标的象征性的让渡是通过交付象征不动产标的的树枝、秸秆或者土块来实现的，并且在此过程中，买卖代金的支付也会同时进行。接下来要对标的物的支配权进行意思表示，比如摘戴手套，或者提供其他支配的标志物，然后将其紧握，通过这种方式给受让人传达一种现实占有（gewere）的转移意思。并且，让渡人一方要按照法定形式表现对占有的放弃，根据法克兰的习俗，要用一种扔拐杖或者是秸秆的方式，而根据萨克森的习俗，要将手指呈弯曲状态，然后高举示意的方式来盟誓。也就是说，契约是由对象征标的物的让渡行为和转移支配权的意思表示来构成的。[2] 这种契约的效力仅仅在让渡人和受让人之间才能得到认可。[3]

investitura 是一种单纯获得现实占有（gewere）的履行行

---

[1] [韩] 郑泰纶："독일의德国에서의无因的物权行为"，载《法学论集》2005 年第 2 期，第 75 页。

[2] [韩] 郑泰纶："독일의德国에서의无因的物权行为"，载《法学论集》2005 年第 2 期，第 75 页。

[3] [韩] 秋信英："不动产登记簿의历史"，载《土地法学》2001 年第 17 期，第 50 页。

为。也就是说,作为一种不动产现实让渡的行为,受让人获得不动产现实占有,让渡人则对不动产实际退让。即通过该种行为,让渡人对不动产实行公开交付,宣布丧失对其的占有。具体说,在证人面前让渡人和受让人一起绕土地界线一圈,然后通过跨过门槛进入房屋等这种仪式性的方式表示让渡人作出放弃不动产的行为,然后买受人则走进去生火或者是招待客人,提供食物等行为来完成不动产让渡。[1]这种长时间遗存下来的仪式不仅要由受让人和让渡人参与进行,而且需要其他居民也参与其中。但是这仅是一种明了的事实行为,而非意思表示行为。

(三) 契约 (sala) 和 investitura 的变化以及 auflassung 的出现

通过契约和 Investitura 进行的不动产交易一直持续到9世纪中期。但是不动产交易的增加和交易范围的扩大引发了关于象征物的信赖问题和不动产标的交付的现场性所带来的不便性等问题。日耳曼法在正式受到罗马法影响之前,在中世纪受到北部意大利的世俗习惯法很大的影响,[2]在教会的影响下,契约转变成为一种北部意大利习惯法形成的交付查证书(carta)的方式。像这样,所有权的取得形式要求作为一种所有权转移合意 (traditio per cartam) 的文书的交付。像这样的一种文书的编写需要由一种叫作 salmann 的公证人来承担,并且在这个时期,契约意味着裁决之外的转移契约。[3]

---

[1] [韩] 秋信英:"不动产登记簿의 历史",载《土地法学》2001年第17期,第50页。

[2] [韩] 郑成吉:"占有权에对한一考察",载《政策科学论丛》1986年第2卷,第10页。

[3] [日] 好美晴好:"jus ad rem とその発展の消滅——特定物債権の保護強化の一断面",载《一橋大学法学研究》1961年第3期,第198页。

第三章 日耳曼法的物权变动和 "titulus-modus" (名义—方式)理论的形成及其立法化

但是,仅用这种私人证书并不能确保法律的确定性,因此当时依旧保持使用 investitura。但是,由于 investitura 必须在不动产标的现场进行而导致的不便性,便开始采用让渡人的"转移约定"(seexitum dicere)和"占有放弃行为"(verlassung)这种象征性的 investitura 方式。(让渡人在法官面前,扔掉自己的拐杖,由受让人捡起,从而表示受让人成为新的所有者。)[1]

这种象征性的 investitura 是在法兰克王国国王法院(königsgericht)[2]设立之后在其法院成立的。这时国王法院发行了不可提出异议的国王证书,它具有一种创设权利的效力,[3]这就是不动产所有权让渡合意(auflassung)的起源。[4]也就是说,上述现存的转移方式在逐渐转变成为裁判上的转移(auflassung)形式(allodialinvestitur)的过程中,首先由法院承担。当时的 auflassung 就是按照首先将标的物归属国家,然后再由国家将标的物所有权授予受让人的程序进行的。也就是说,在法律形式上,不动产所有权让渡合意是一种由让渡人放弃权利和法院授予受让人权利两种形式组成的制度。因此,在制度初期,交易当事者通过诉讼形式实行不动产让渡,但在此之后,通常法院不再依靠这种烦琐的诉讼形式,而采用一种专

---

[1] [韩]秋信英:"不动产登记簿의 历史",载《土地法学》2001 年第 17 期,第 50 页。

[2] 法兰克时代(5 世纪~887 年)裁判制度的发展与国王影响力扩大有关。国王法院(königsgericht)逐渐吸收了之前民会(landsgemeinde)持有的裁判管辖权,由国王直接持有或受国王委托人管理。国王法院管辖权内包括有关诉讼的内容,该诉讼内容此后与不动产所有权让渡合意相联系,对土地法产生了重要作用。参见[韩]崔钟库:《西洋法制史》,博英社 2011 年版,第 108~109 页。

[3] [韩]玄胜钟、曹圭昌:《日耳曼法》,博英社 2001 年版,第 324 页。

[4] [韩]洪性载:"不动产物权变动理论의 形成과 立法의 展开",载《成均馆法学》1992 年第 1 期,第 16 页。

门的非诉讼形式。本来在制度初期，并非强制要求裁判上的不动产所有权让渡合意，法院以外行使的所有权让渡契约也具有效力。但是到了 10 世纪，随着不动产所有权让渡合意的义务化，除法院之外成立的所有权契约都将不再具有效力。[1]

但是从 12 世纪开始一直到 13 世纪，由于日耳曼法对罗马法的继承，以受到罗马法较强影响的德国南部地区为中心，将罗马法的让渡（traditio）作为一种所有权转移方式来使用。在该过程中，德国有关所有权转移方式的日耳曼固有法开始与罗马法在理论上结合。由此，依靠不动产所有权让渡合意实现的让渡主要是以强烈抵抗继承罗马法的德国北部地区为中心。[2]

三、登记制度的产生和变化[3]

另一方面，不动产转移方式也变得抽象化，开始采用一种交付转移契约证书，然后放在证书保管箱（schreinbücher）里保管的方式。此时，证书不过是一种关于所有权转移的证据，但随着强制不动产所有权让渡合意的使用之后，也就是从 10 世纪开始，官方证书上的记载开始代替意思性转移。下面将简单看一下德国各个地区的登记制度。

---

[1]［韩］洪性载："不动产物权变动理论의形成과立法的展开"，载《成均馆法学》1992 年第 1 期，第 17 页。
[2]［日］泷泽聿代：《物权变动的理论》，有斐阁 1987 年版，第 71 页
[3] 使用希腊法的希腊主义地区从公元 3 世纪起就已经实行了不动产登记制度，并且在公元 1 世纪中期被罗马占有之后，也依旧保持着这种制度。但当时的登记制度，主要是为了租税征收，而不是为了与所有权变动有关的公示。

第三章 日耳曼法的物权变动和"titulus-modus"（名义—方式）理论的形成及其立法化

（一）德国各地区的登记制度[1]

1. 科隆（Köln）不动产登记

最早是 1135 年在德国的科隆市，当时的不动产登记方式是将相关的不动产材料写到一张羊皮纸卡片（per cartam）上，然后放到箱子里保管。[2] 1135 年，以科隆市为活动中心的圣马丁商人公会在将他们不动产交易行为写成文书的问题上达成协议，然后这份文书由市长来担保，同时要求市长让有关公务员处理相关事宜。科隆市当局接受了这种要求，负责编写证明居民不动产交易行为的文书，这里所使用的羊皮纸卡片上写明卖方和买房的姓名、不动产所在地以及买卖日期等。一般认为这就是不动产登记簿的起源。[3] 在科隆市使用的原始的不动产登记簿的特点是按照年代编成主义（chronologischen）来记录登记内容的。

2. 吕贝克（Lübeck）不动产登记

1227 年，吕贝克地区受到科隆地区不动产交易方法的影响，也开始使用不动产登记簿。到 13 世纪中叶，北部德国地区才开始普遍使用不动产登记簿。

3. 慕尼黑（München）的不动产登记

北部德国地区受到科隆和吕贝克地区的影响，使用不动产

---

[1] [韩]秋信英："不动产登记簿의 历史"，载《土地法学》2001 年第 17 期，第 51~53 页。

[2] [韩]黄迪仁：《罗马法·西洋法制史》，博英社 1983 年版，第 116 页；[韩]金相容：《不动产登记制度와抵当制度发展의相关关系》，博英社 2000 年版，第 361 页。

[3] 这种不动产登记文书最初是由市政府公务员独自来制定的，一直到 14 世纪，才开始由被称为 schreinmeister 的专门从事人员来制定文书并处理登记事务。

登记簿的不动产登记交易方式虽然慢慢稳定下来，但在拜仁地区依旧使用通过契约和 investitura 进行的不动产交易方式。此后一直到 1346 年路德维格王时期，当地采用一种证明不动产转移的土地权簿（landrechtsbuch）制度，从而使用了一种和北部德国地区的登记簿相似的不动产交易方法。

也就是说，为了使让渡人和受让人之间的不动产买卖的成立，必须将不动产标的的位置和姓名写入法院规定的一种文书中。拜仁地区慕尼黑不动产登记制度特殊之处在于引用了一种定期金总账（Rentenkaufbuch）制度，从而使土地所有者可以通过该制度产生信用。

4. 但泽（Danzig）的不动产登记

从 1357 年开始，但泽地区开始使用物的编成主义的不动产登记簿来取代现有的年代编成主义不动产登记簿。

作为不动产登记簿初期形态的年代编成主义具有公示力较弱的缺点。即，为了发挥其公示功能，需要制作一个单独的索引。由此出现了人的编成主义（personalfolien）。这个方式是以每个所有者为基准，将其全部所属土地全部编写进去的方法。与年代编成主义相比，人的编成主义虽然看起来更加明了，但在同名较多的情况容易产生混乱。这种方式虽然在北部德国地区得以使用，但不如年代编写主义方式普及。

与前两种方式相比，物的编成主义方式（realfolium）则是用不动产登记簿用纸将每块土地分开编写。也就是说，一个不动产用一张登记纸来登记的方式。这种方式的长处在于，能明确表示与不动产有关的法律关系，并且能迅速找到文书，因此公信力也比较高。

第三章 日耳曼法的物权变动和"titulus-modus" （名义—方式）理论的形成及其立法化

从 1400 年开始，这种在泽利地区开始使用的物的编成主义方式也传播到汉诺威（Hannover）地区。此后，因为定期土地债务和其他的负担也需要编写到不动产登记簿中，因此便将不动产登记簿变分为标题簿、所有权簿以及抵押权簿三部分使用。

5. 基于登记制度的抵押权制度的形成

18 世纪，拜仁和威登堡（Wittenberg）开始使用抵押权制度。当时 30 年的战争（1618～1648 年）在各个"地方"（land）造成一种经济恐慌，并且因为战争导致信用社会完全崩塌，从而用不动产作为媒介物来进行贷款的必要性被逐渐意识到。

当时的社会情况促进了抵押权制度的确立，拜仁便在既存的登记簿中添加了抵押权内容作为第三部分，从而登记簿则由第一页不动产所在地、第二页不动产所有者、第三页抵押权三部分构成。就这样，抵押权以登记制度为基础而进行，并且只有被写入登记簿才被认为有效。

1783 年普鲁士颁布抵押权令，与拜仁一样开始使用抵押权制度。但是，与拜仁有不同之处，它是把限制物权部分单独写成一页。也就是说，不仅是把所有权和占有关系，把其他的他物权也一起写入不动产登记簿中。普鲁士的不动产登记簿也分为三部分，第一面是土地的所在地和所有权者，第二面是限制物权的种类，第三面是关于抵押权部分。这种普鲁士的不动产登记簿和抵押权令对今天德国的不动产登记制度产生了很大的影响。

（二）对罗马法中传入登记制度的影响

到了 15、16 世纪，随着罗马法的传入，德国开始受到罗马法的影响。这种罗马法在物权变动方面并未对动产和不动产进行区分,并且由于对所有权转移的理解方式不同,随着罗马法依靠中世纪罗马法学者在德国地区的传播,阻碍了既存登记制度的发展。[1]即,开始尝试用罗马法中的让渡概念来对既存日耳曼法有关所有权转移的法理进行解释。在法国地区由于受到16世纪人文主义者和17、18世纪自然法学者的影响,出现了一种意思主义,即无须罗马法中的让渡,仅凭买卖契约便可产生物权变动。与此相比,在德国地区,因为以日耳曼法中的占有概念为中心成立的独特的法理和登记制度,德国地区则产生了登记形式主义,即对抗要件主义。[2]

(三) 探讨

通过以上内容可以得知在德国法中的不动产所有权让渡合意是以日耳曼法传统物权变动,特别是不动产转移方式为根

---

[1] [韩] 金相容:《불동산등기제도와저당제도발전의상관관계》,博英社2000年版,第361页。

[2] 经过人文主义者与自然法学者,法国地区的不动产物权变动法理除去了罗马法上的让渡内容,并主张仅依靠契约则发生物权变动的合意原则 (consensualistic principle),这最终于1804年被法国民法采纳。此时的法国民法中,对于现存法国惯习法中赠与、担保以及所有权转移的登录制度,除赠与以外,其他的登录制度则全部被废除。并且,对于罗马法上作为物权变动两重要件的正当原因和让渡,也不再将让渡作为要件之一。但是此后,在不动产担保与买卖过程中,由于不存在对真正权利者的公示功能,所以出现了很多受害情况,因此,为了解决这个问题,则需要完善合意原则,因此,1841年成立了委员会并于1855年3月23日制定了《不动产担保登记法》(Law on transcription of mortagages),从1856年1月1日1起开始实行。该法律规定,在不动产让渡,不动产担保,土地使用权以及18年以上的租赁等情况下,为了对抗第三者,必须进行登录。由此,则形成了现在的对抗要件主义。参见 [韩] 郭东宪:"부동산등기에관한고찰",(论文集) 1969年第1期,第4页。

第三章　日耳曼法的物权变动和"titulus-modus"（名义—方式）理论的形成及其立法化

源，并且经历社会变化而形成的。[1] 从其沿革来看，不动产所有权让渡合意在通过公示方法来确保不动产所有权转移。但是，由于社会经济的发展，信用交易随之增加，因此，除明确表示当事者间的权利关系以外，更需要通过对外的公示确保担保权的信赖性，从而以登记与既存的不动产所有权让渡合意相结合来满足其要求，进而完全代替了罗马法上的让渡。登记这种公示制度是为了满足社会经济发展所需求的，特别是为了克服物权种类以及交易方式多样化透漏出的现有制度的缺陷性问题而确立的，而且，与社会既存物权让渡有关的制度决定了登记制度不同的法律性质。法国在 1804 年民法中删掉了有关现存公示制度——登录制度的大部分内容，但由此引发了一系列社会性问题，因此最终又重新恢复使用。这种现象说明了登记、登录等公示制度在近代资本主义经济体制中是不可缺少的。虽然同是公示制度，但各地社会状况不同，其物权变动也各有特点。也就是说，在德国法中，随着登记和不动产所有权让渡合意的结合，登记成为物权变动的成立要件。而在法国法中，表面上保留着意思主义的核心，登记则成为对抗要件。

---

[1] [韩] Park Soo-Gon："物权行为 개념에 관한 소고"，载《民事法学》，2008 年第 2 期，第 108 页。该页中作者称从起源来看，认为不动产所有权让渡合意是继承了罗马法上的要式买卖（mancipatio）或是拟诉弃权（in jure cessio）抑或是让渡（traditio），这种观点认为 Auflassung 受到罗马法的影响。但是，虽然它们之间存在时代上的相关性，同时罗马法对不动产所有权让渡合意产生很大影响的情况下，不动产所有权让渡合意依旧是通过日耳曼传统法理来形成的。也就是说，可以说他的观点仍然是一种具有疏忽性的观点。

第二节 日耳曼法和罗马法结合形成的特有的债权概念——jus ad rem（对物的权利）

一、契约（sala）和 investitura 的权利内容

与罗马法相比，传统日耳曼法在土地所有权转移方面最具特征之处就是契约和 investitura 的权利内容。正如之前所讲的，仅通过现实的 gewere 的古代的所有权转移方式分化为协议过程和现实占有转移过程，作为协议过程的契约（sala）和 investitura 与罗马法相比，是一种具有日耳曼法传统色彩的概念。这种古典的 investitura 原本意味着占有转移，相当于罗马法上 possesio（占有）转移，但是到了中世纪，它则意味着封建君主和家臣之间成立的封地授予的协议。

（一）契约（sala）的权利内容[1]

还未获得现实占有，仅仅是根据契约的买受人可以向出卖人提出标的物让渡请求，如果出卖人拒绝的话，买受人可以通过法院现实执行的方法来强制实行。就第三者而言，可以分为两种情况，第一是就从同一出卖人的同一物已履行契约的第二买受人而言，即使第二买受人已经获得现实占有，第一买受人也可以强制进行标的物转移。但是在第二买受人将标的物的占有持续一年的情况，第一买受人则失去强制要求第二买受人转移标的物的权利，（根据一年一日，第二买受人获得所有权）。第二，对于不是从跟第一买受人成立关系的出卖人取得标的物

---

[1] [日] 好美晴好："jus ad rem とその発展の消滅——特定物債権の保護強化の一断面"，载《一橋大学法学研究》1961 年第 3 期，第 198~199 页。

第三章 日耳曼法的物权变动和"titulus-modus"（名义—方式）理论的形成及其立法化

的第三者（比如侵夺者），仅根据契约并未获得现实占有的买受人无法对第三者主张任何权利，仅能要求前所有人行使自身权利。并且，对于并非直接从出卖人取得标的物的第三者而言，买受人为了主张权利，仅仅根据契约并不充分，必须通过维持特定期间的现实占有的法定占有（rechte gewere），即必须在"一年一日"期间对其实行现实占有。

（二）investitura 的权利内容[1]

封建法（lehnrecht）[2]上的 investitura 与契约一样，具有一种契约特点，因此是与封地的现实赋予、及其支配的不同的概念。通过这种 investitura，封臣获得一种权利，这种权利的特点与之前的契约有相似之处。签订 investitura 的封臣可以要求封主分配封地，如果封主拒绝的话，不管封主意思如何，封臣都可以占有相应封地。通过这种方式的获取与封主自发性授予获取拥有相同的效力。对于第三者也可以分为两种情况，第一种是两当事人与同一封主成立 investitura 的情况。此时，如果任何一方都还未获得占有的话，契约较早的第一受封者可以主张权利。如此，时间上较早的受封契约首先获得效力。在双方根据 investitura 取得占有，但不明确是谁首先取得 gewere 的

---

[1] [日] 好美晴好："jus ad rem とその発展的消滅——特定物債権の保護強化の一断面"，载《一橋大学法学研究》1961 年第 3 期，第 202~204 页。

[2] 卡尔·马尔泰勒（Karl Martell，980~741 年）构成了一种新的社会结构。即，通过将把教会所属的领地作为封地来授予的方式，来换取日耳曼族的忠诚。这种方式构成了家臣的忠诚与封地赠与之间的相关性，从而形成了金字塔似的社会结构。这种法兰克特有的社会制度称为封建制（lehnwesen），与该制度有关的法规就是封建法（lehnrecht）。参见 [德] Dietrich Schwanitz：《教养》，In Sueng-Gi 译，Dulnyouk 出版社 1999 年版，第 108~109 页；[韩] 崔钟库：《西洋法制史》，博英社 2011 年版，第 97 页。

情况下，这种原则成为决定他们权利先后顺序的标准。

但是在这里需要注意的是，倘若第二受封者不仅成立契约并已对封地实现现实占有，未实现现实占有的第一受封者不能以首先签订受封契约为由来主张优先权。即，已获得现实占有的第二受封人，不管是否成立法定占有，都具有优先权。

但是，对于上述情况的法理在14世纪的北部德国编著的《封建诉讼法》（Richtsteig Lehnrecht）一书中作了如下规定。如果第二受封者仅单纯获得现实占有，那么第一受封者优先；只有在第二受封者完成法定占有时，即使第二受封者对第一受封契约存在恶意，也受到保护。如此，最终确立一种与之前契约相同的法理。

第二是两个当事人并非与同一封主成立investitura的情况。虽然这种情况与第一种情况不同，并且可以在地方法院审理，但也可以说是与前述的契约的法理相同。也就是说，受封者的主张仅仅以受封契约为由是无法得到认可的，而是通过维持一年一日的现实占有而取得法定占有的时候才可以。如果不能满足此要件，则只能要求封主行使其自身的权利。

如此，契约和investitura的契约当事者之间，仅用契约来强制让渡特定标的物的权利被认可，在拥有同一出卖人契约关系的买受人之间，在限制性条件下（在任何一方都没有获得法定占有的情况），时间上较早签订契约的一方对特定标的物拥有优先权。但是，对于像侵夺者等这种和前主无关的第三者，在这种关系下，如果契约当事人不具备法定占有的话，那么对第三者就无法主张关于目的物的权利。如此契约和investitura在占有转移中虽然对目的物有限制，但是与罗马法上的契约相比还是赋予了较强的权力。

第三章 日耳曼法的物权变动和"titulus-modus"
（名义—方式）理论的形成及其立法化

二、libri feudorum 中的 investitura 和 jus ad rem 的出现

（一）隆巴德（Lombard）封建法书 libri feudorum 上的 investitura 规定

意大利北部的隆巴德人在 568 年侵入意大利并对其进行占领统治。由于地理位置和当地罗马人的融入，当地法律受到罗马法影响并且逐渐与他们的传统法相融合，从而开始形成一种独特的法律。这种倾向即使在 774 年法克兰王国对隆巴德的占领以及德国皇帝对意大利的统治等一系列政治变化中依旧持续，这也是以后隆巴德地区出现注释学派和注解学派的基础。[1]在这种背景下，自 11 世纪以来，隆巴德的法学者们用罗马法的解释论对该地区既存法添加注释，这些注释到 13 世纪汇编起来形成了 libri feudorum。它不仅被认为是中世纪日耳曼的封建法的古典记录，而且经过注释学派，被认为补充罗马法大典的法源，并且在此后的"罗马法概括继承"时期，其在德国地区被正式继承。[2]

在隆巴德的 libri feudorum 中，有不少关于 investitura 的规定。对于契约当事者，即封主和受封者间的关系方面，II, F. 26 § 15 作了如下规定：

> 完成受封契约（feudo investitura）但还未进行占有（possessio）转移，若君主后悔，用补偿家臣的利益（损失 intersses）

---

［1］［日］好美晴好："jus ad rem とその発展的消滅——特定物債権の保護強化の一断面"，载《一橋大学法学研究》1961 年版第 3 期，第 212 页。
［2］［日］好美晴好："jus ad rem とその発展的消滅——特定物債権の保護強化の一断面"，载《一橋大学法学研究》1961 年第 3 期，第 213 页。

的方式是否可以解除契约则成为一个问题，解答如下。按照之前的（损害赔偿的）判决被扣留，君主被强制将约定的封地让渡（tradere）给家臣。

如此，就契约当事者间关系而言，与既存规定相一致，Investitura 具有履行的强制力。

对于第三者的关系，II, F. 8 § 1 中作了以下规定。"对于作为恩给地（beneficium）的合法受封封地，家臣如同所有权者，可以对所有地占有者（ad omni possidente）提出返还请求，并且该家臣受到他人对封地诉求时可以抗辩（defensio）。"此中也可以发现日耳曼法传统法理受到了罗马法的影响。这些立法者使用罗马法的法技术，使根据受封契约受封者所获得的权利脱离占有的限制，对其赋予一种更强的效力。即，对于第三者的权利方面，规定了类似于罗马法上的对第三者拥有绝对效力的作为对物诉权的返还诉权（rei vindicatio）。[1]换句话说，在现实占有未被转移的状态下，即使仅仅以单纯的investitura 作为基础，对物诉权也可以得到认可。这个规定即使与作为罗马法上的物权概念的 obligatio 效力内容相冲突，也可以说是一种受到通过诉权概念来推论权利的罗马法影响的法理。

但是，仅根据让渡契约，债权者可以对第三者具有对物权利，这种法理是对于对物诉权和对人诉讼进行区分的罗马法而言不可接受，而且就严格遵循区分所谓 jus in re 的物权和所谓 obligatio 的债权的注释学派而言，也是不可以轻易接受的。

---

〔1〕［日］好美晴好："jus ad rem とその発展の消滅——特定物債権の保護強化の一断面"，载《一橋大学法学研究》1961 年第 3 期，第 215 页。

第三章 日耳曼法的物权变动和"titulus-modus"（名义—方式）理论的形成及其立法化

（二）关于向 investitura 赋予 rei vindicatio 的反驳

正如之前所讲，向根据 investitura 的封臣的权利认定 rei vindicatio 的 Libri feudorum 的主流的见解已经脱离传统的占有的限制（根据一年一日的法定占有的授予），并且与罗马法上的物权变动原则并非一致（按照罗马法，只有完成 traditio，返还诉权才可以得到认定）。因此，自 Libreo feudrom 的编纂当时起，就存在反对认定 investitura 的强大效力的意见，这就是注释学派和之后注解学派的共同之处。他们主张的一般根据可以在 Libri feudorum 的第 2 卷第 2 章的全文中找到。

II, F.2 pr. "虽然 Investitura 原先（proprie）是指占有（possessio）。但是，被转换（abusivo）为指代履行受封（Investituram）。从封主那里被授予矛或者是其他有形物的情况，就称作'Investitura'。"这一段落中的 Investitura 虽然原本是用来标识对于关于封地具有占有，但在这里，占有被表示为是罗马法上的占有（possessio），此后，其意义发生变化，指封主用象征性的方法来赋予家臣封地的行为。

但是，对当时受封契约效力过度强化持反对意见的法学者们，为了缓和其效力，开始关注上述内容中的 prorie（原本的）和 abusiva（转换的），将上述的受封契约分为成立受封契约之后，也给家臣进行占有转移的 investitura propria 和并不伴随占有转移行为，仅作为单纯契约的 investitura abusiva。[1]也就是说，他们为了实现自己的目的，弱化受封契约的效力，认为 investitura 可以分为"原本"（prorie）的和"转换之后"

---

[1] [日] 好美晴好："jus ad rem とその発展的消滅——特定物債権の保護強化の一断面"，载《一橋大学法学研究》1961 年第 3 期，第 225 页。

(abusiva）的。前者的核心就是 gewere，即现实占有，根据此 rei vindication 可以被认定。后者的核心就是象征性，即契约性，根据此 rei vindication 无法被认定。如此，他们对段落做出高度假设性解释。同时也出现了另一种见解，将把 investitura abusive 看作是家臣权利的权源（titulus），并且将 investitura propria 理解为占有转移（traditio possessinis），这种解释让我们联想到以后的"名义—方式"（titulus-modus）理论。虽然这些见解在理解方式上有所差异，但是他们具有共同点，就是仅根据 investitura abusiva 不可成立对物诉权（rei vindicatio）。[1]

到了中世纪后期，这种反对既存的 investitura 所具有的过强效力，并且仅通过 investitura abusiva 无法产生 rei vindicatio 的 jus in re 的法理也毫无疑义地逐渐被接受。

（三）jus ad rem（对物的权利）概念的出现

正如上述内容所讲，在德国封建法体系中，根据 investitura 可以强制封主现实执行契约内容。这种现实履行的认可与通过金钱赔偿或者定金担保等方式来解决债权不履行的罗马法形成鲜明的对比，并且使 investitura 对于特定标的物具有一种指定性。这种法理使 investitura 分为 investitura abusiva 和 investitura propria，并且是作为受封者之间或者受封者与第三者之间的判断权利优先性的标准。其中 investitura abusiva 即使未被赋予 rei vindicatio，依旧具有一种目的物的指定性，而且以这个指定性为基础，当事者或者裁判官可以通过现实执行来实现特定目的物的强制转移，从而成立了完全的权利概念，即罗马法上的

---

[1] [日] 好美晴好："jus ad rem とその発展の消滅——特定物債権の保護強化の一断面"，载《一橋大学法学研究》1961 年第 3 期，第 225 页。

第三章 日耳曼法的物权变动和"titulus-modus"（名义—方式）理论的形成及其立法化

jus in re。

关于这种基于 investitura abusiva 的权利，巴尔杜斯的封建法注释中引用的法国拉瓦尼斯（Jacobus de Ravanis：1210，1215~1296 年）的见解如下：[1]

我也认同以下内容。也就是，如上所述的被称作 Abusiva investitura 的口头受封契约以及拐杖的授予等一系列占有的转移之前也获得封地。这是因为封主必须切实履行对受封者实施占有转移。在获得占有之前，受封者无法取得在物上（in re）的权利（jus），但是可以取得向物（ad rem）的权利（jus）。这是因为只根据受封契约（investitra）比通过占有转移来成立相比，效力更弱。

如此，jus ad rem 虽然自身无法具备 rei vindicatio，但是意味着作为一种根据 investitura 产生的可以对封主进行现实执行的权利，随着初次被拉瓦尼斯使用，jus ad rem 开始出现。

这种 jus ad rem 被注解学派理解成一种认定对特定物债权的现实执行的概念。由罗马法和德国法相融合而形成的法规，把现实执行看作不仅仅意味着是根据单纯债权的由裁判官实行的物权转移，也是受到德国法的影响已经具备物的效力的权源，也就是根据 jus ad rem 的占有转移，这种法规就是在这种认识基础上形成的。这种现象说明了正是由于罗马法和德国法的融合，在罗马法有关物权、债权区分的框架下，加上日耳曼法理念上对特定物债权的内容，形成新的法命题并

---

[1] [日] 好美晴好："jus ad rem とその発展的消滅―特定物債權の保護強化の一断面"，载《一橋大学法学研究》1961 年第 3 期，第 229 页。

被使用。[1]

但是，对既存的罗马法和日耳曼法的融合过程进行歪曲理解的人文法学者阿佩尔（J. Apel, 1486~1536年），更加追求基于罗马法的物权变动理论的构成，并且在这个过程中试图将德国法理中已经确立的与单纯的罗马法债权不同的 jus ad rem 概念与罗马法中的有关物权变动的传统法理相结合。

第三节 "titulus-modus"（名义—方式）理论的成立和立法化

一、"titulus-modus"（名义—方式）理论的成立

一般称阿佩尔是"titulus-modus"（名义—方式）理论的创始者。在他的注释中已经将所有权转移要素分为当事者间的协议和占有转移。他把前者解释为获取所有权的远因（causa remota），即"之后产生占有转移的原因"；把后者解释为作为近因（causa proxima）的 traditio。亚祖（Azo Portius, 1150~1230年）也主张同样的分类方法，而且用当时的经院方法论将其称之为可能性和现实性，远因（causa remota）和近因（causa proxiam）。[2]但是注释学派使用这些概念事实上只是为了解释罗马法内容，并不是为了试图使罗马法体系化。

但是通过巴托鲁斯而继承这些概念的人文主义者阿佩尔，

---

[1] [日] 好美晴好："jus ad rem とその発展の消滅——特定物債権の保護強化の一断面"，载《一橋大学 法学研究》1961年第3期，第242页。

[2] [日] 好美晴好："jus ad rem とその発展の消滅——特定物債権の保護強化の一断面"，载《一橋大学法学研究》1961年第3期，第223页。

第三章 日耳曼法的物权变动和"titulus-modus"（名义—方式）理论的形成及其立法化

他研究的目的不仅仅是局限于解释罗马法内容，而是打算重新构建一种一目了然的法律体系。他首先主张应当警惕混淆契约和所有权取得方式（让渡），同时重新恢复了被日耳曼法忽视的所有权变动中的"原因"概念。并称，所有权变动的原因（causa dominii）就是所有权获取方式（modus acquirendi），契约则是与所有权无直接关系的债权的原因（causa obligationis）。并且，所有权在债权和获取的关系中，契约（contractus）仅作为让渡的原因（causa traditionis）。即，让渡（traditio）是所有权获得的近因（causa proxima），契约（contractus）则为获取所有权的远因（causa remota）。这也就是说，根据契约债权得以产生，这个债权就是与罗马法的 obligatio 不同的作为特定物债权的 jus ad rem，并且根据其债权进行让渡，最终获得所有权。他虽然没有直接使用 titulus 这个用语，但是将依据合同形成的债权看作为所有权转移的权源（titel, rechtlicher Grund），并且最终将其理解为一种代替罗马法中原因的概念。并且，被认为随着罗马法中让渡要件的一般化，即 modus adquirendi 的使用，"titulus-modus"（名义—方式）理论实际成立。

但是，阿佩尔最初仅仅把保罗 D. 41. 1. 31. pr[1] 中的让渡（traditio）和"正当原因"（justa causa）关系局限于继承关系而形成了他的理论。[2] 但是后代学者将他的这种理论与属于原始获取的使用获取（usucapio）中的"正当权源"（justus tit-

---

[1] D, 41. 1. 31. pr: "单纯的让渡绝对无法产生所有权转移，只有在买卖或者其他正当原因先行，并因此随后进行让渡时才可以。"
[2] [日] 好美晴好: "jus ad rem とその発展の消滅——特定物債権の保護強化の一断面"，载《一桥大学法学研究》1961 年第 3 期，第 291 页。

ulus）相混淆，最终在通过让渡而获得的所有权中，也开始使用"正当权源"（titulus）这个用语。[1]并且，其适用范围也扩大到包含无主物先占（occupatio）的获取所有权领域。这种理论原本局限于继承取得，但逐渐应用于全部的所有权转移方式。以后对此批判逐渐成为主流，这些批判最终成为新理论出现的基础。

二、"titulus-modus"（名义—方式）理论的立法化和普鲁士普通邦法制定

普鲁士积极试图编纂统一法典，是因为普鲁士国王弗里德里希·威廉一世（Friedrich Willhelm I, 1688～1740年）试图统一国家和立法。这个过程虽然经历许多曲折，但最终于1794年颁布普鲁士普通邦法（Allgeneines Landrecht der preußischen Staaten, ALR）。

这样ALR消除了自中世纪继承发展而来的罗马法和具有日耳曼法传统的德国固有法之间的不协调，并且通过将两者有机结合，成为排斥帝国法的最早法典，可以说在德国法史上具有划时代意义。

（一）普鲁士普通邦法以前的法律现况

依据罗马法，一方面所有权依靠让渡来实现转移，另一方面对于不动产担保权而言，仅根据有关契约就可以成立，并不需要求任何的公示手段。所以连抵押权也可以不经公示就成立。中世纪以后，在德国，由于农业的资本化和以城市为中心

---

〔1〕 ［日］好美晴好："jus ad rem とその発展的消滅——特定物債権の保護強化の一断面"，载《一橋大学法学研究》1961年第3期，第292页。

第三章　日耳曼法的物权变动和"titulus-modus"（名义—方式）理论的形成及其立法化

的经济发展，依靠旧的质形式的担保方式经济效率低下，所以以不动产抵押做担保获取贷款方式的要求逐渐增大，由此，抵押法得到迅速发展。由于传统罗马法在定限物权的设定方面存在效率低下的缺陷，为了顺应经济社会的需求，确立了一种担保权登记主义（pfandbuchsystem），亦即为了设定抵押权，就必须进行登记。这种现象被如下法令归纳，后来被 ALR 吸收。

1.1693 年 9 月 28 日的弗里德里希·威廉一世的敕令

17 世纪，在德国地区，因为所有者以房屋或者土地作担保则可以从债权者获得担保价值以上的金额，债权者则会承担无法收回全贷额的风险。由此，信用事件频频发生引发了一系列社会问题，因此为了确保有关清偿和保护担保的信用度，弗里德里希·威廉一世颁布了以下敕令。[1]

第一条：各当局要设置不动产账簿，并且在账簿上写明所有私人的房屋，土地，草地等不动产，以及所有者名字，并且贴上号码。并且留出空白，以记载新的所有者或者通过不动产担保提供借贷的债权人的名字。

第二条：在把不动产通过买卖、继承或者其他方式转移给他人，不管公务员或者市民，取得标的物的人都负担申请在不动产账簿上以自己的名义记载所得的不动产的义务。不然新所有者的所有权源将被视为无效。

第三条：就法律上的抵押权和随意抵押权而言，如果债务人或者债权人未在债务人所有的不动产的不动产账簿上记入抵

---

[1] ［韩］洪性载："不动产物权变动理论の形成과立法의展开"，载《成均馆法学》1992 年第 1 期，第 36~37 页。

押权内容的话，抵押权则都不产生效力，也无法获得物的权利或者优先权。

第四条：在法院设定的抵押权以及在公证人或者是证人面前设定的抵押权也如上。只是敕令在如何处理登记义务以及不动产账簿格式方面没有做出任何规定。[1]

2. 1722年2月4日 抵押权和破产令

在其法令中，关于抵押权，具有管辖权的法院把根据其格式立即制作出完整的土地和抵押权登记簿作为义务。特别是所有的不动产都要标注上一定的编号和所在地。并且规定了必须记载所有者名字、所有权源、不动产获取的价格，以及如果为了赔偿火灾损害的组合已设立的话，也要记载不动产的评估额。并且，其法令规定了为了变更登记名义新获得土地者负担向法院附加登记原件而申请其所有权源的义务，如果不登记的话，所有权则无效。在这基础上为设定抵押权，负担在不动产所在地的法院登记簿上登记相关内容的义务。虽然在未登记的情况下抵押权的设定也是有效的，但是此抵押权不具有优先地位。并且连对债务人的一般财产也能产生效力的一般抵押权，只在一般财产所在地所属法院进行登记的情况下才对此赋予优先权。[2]

3. 1783年12月20日的一般抵押令

到18世纪中叶，在普鲁西王国关于不动产的金融环境发

---

[1] [日] 有川哲夫："土地所有权取得法（1872年）研究（三）"，载《名城法学》1973年第22卷，第5页。
[2] [日] 有川哲夫："土地所有权取得法（1872年）研究（三）"，载《名城法学》1973年第22卷，第27页。

第三章 日耳曼法的物权变动和"titulus-modus"（名义—方式）理论的形成及其立法化

生了巨大的变化。由于英国正式进行产业革命，普鲁西王国向英国的粮食输出急剧增大，因此封建贵族便开始收购农民的土地，并且合并其他贵族的土地从而最大限度地增大经营面积来追求农业利益的极大化。这个过程中，在确保必要资本方面，虽然土地抵押权发挥了重要的作用，但是当时的抵押权制度尚不能满足当时的需求。[1]

响应这样的现实要求，首先1783年的一般抵押令规定了特定的原则（spezialitätsprinzip）——债务的效力只对约定的土地有效，而且这个特定债务优先于其他债务。除此之外，还确立了一种公示原则（publizitätsprinzip）。即，赋予投资者（债权者）优先于第三者的权利，并将其告知第三者从而防止受到侵害。同时也采取如下实质性的审查主义（legalitätsprinzip）。[2]

第58条：要求更改抵押权登记簿上的所有名义的人，必须向具备登记簿的登记委员会（collegium）提供买卖契约书、交换契约书、赠与证明、遗嘱书、判决书等有关获取的证明原件。

第59条：上述委员会在审查这些申请时要检查申请当事者是否具备权利，申请者的所有名义是否正确进行了改正，交易本身是否遵循了合法的所有权转移方法，以及证明材料是否具备合法要件。

---

[1][韩]高翔龙：："物权行为独自性과无因性论의再检讨小考"，载《春齐玄胜钟博士华甲纪念论文集》1979年，第236页。
[2][日]原島重義："无因性确立의意义について-无因性の概念研究"，载《法政研究》1957年第1期，第83页。

(二) 普鲁士普通邦法（ALR）

1. ALR上的关于不动产所有权转移的法理

"titulus-modus"（名义—方式）理论将取获物权的行为或事件称为获取方法，并将这种行为或者获得方式的法律原因称之为权源，ALR则对"titulus-modus"（名义—方式）理论第一次作了实体法上的规定。[1]ALR并不严格区分物权和债权，将债权视为获得物权的原因。即，因为债权关系从属并融合于物权关系，所以契约被理解为获得所有权的原因。[2]

titulus und modus理论中的所谓的titulus可以定义为，体现"正当的权源"（justa causa），并将当事者让渡意思具体化。不管占有实物与否，具备titulus的人可以取得能够要求特定物转移的对人权利，即特定物债权。[3]其权利叫作Recht zur Sache（jus ad rem），[4]它构成了作为获得物权的权源的Titel。[5]ARL给Recht zur Sache（jus ad rem）赋予抵抗恶意的

---

[1] 从ALR I 9 §1到§3中规定，把获得所有权的外在行为称为取得行为（erwerbungsart），将具有外在行为能够产生所有权转移的力量的法定原因（gesetzliche grund）称为所有权的权源，并且，取得所有权的必要条件是取得占有。参见 [日] 石田喜久夫："引渡主义について物権行為の理解のために"，载《民商法杂志》1981年第31卷，第187页。

[2] [日] 野田龙一："サヴィニーとプロイセン一般ラント法"，载《法政研究》1981年第48卷，第114页。

[3] [韩] Byun Woo-Joo："독일민법성립이전의부동산물권변동법리의전개"，载《法学研究》2009年第34卷，第152页。

[4] ALR. I. 2 §124写道：当该债权以特定物的转移（geben）或让渡（gewahrung）作为对象时，则被称为Recht zur Sache。

[5] [日] 好美晴好："jus ad remとその発展的消滅——特定物債権の保護強化の一断面"，载《一橋大学法学研究》1961年第3期，第328页。

第三章 日耳曼法的物权变动和"titulus-modus"（名义—方式）理论的形成及其立法化

第二受让人的效力。[1]同时，对于获得形式（modus）而言，为了所有的人可以认知，它要求外表上占有取得的形式，即让渡。[2]此被认为一个外部的、事实的公示过程，不具备契约的性质。[3]其规定要求考虑健全的自然理性、国情、现实中通用的案例或地方的固有法，而它的成立就是立法者考虑上述要素的结果。[4]

综上所述，Recht zur Sache（jus ad rem）是从一种叫作 titulus 的原因行为中产生的，在此基础上，添加占有转移，即让渡——modus，它便可以发展变为 Recht zur Sache（jus in re），即物权。可以认为具备这样的构造。

2. ALR 的所有权二重结构（die Dupliaitat des Eigentums）和对此解决的努力过程

（1）所有权二重结构问题的产生。

titulus-modus（名义—方式）理论在被 ALR 吸收的过程中，原本的理论内容发生了变形和折中。阿佩尔原来构建该理论时仅将继承获得作为对象。但是 ALR 不只包括原始获得而且规定法规或判决也可以成为权原（权利的原因），从而使理论的适用对象扩大化和一般化。[5]

---

[1] ALR I 10 §25：知晓让渡之前则已存在成立的他人的权源的人，无法以首先进行让渡为由主张自己的权利。

[2] ALR I 10 §25：（依靠让渡取得的占有）之前的占有者为了他人而放弃物品，他人获得被放弃的占有而成立。

[3] [日]好美晴好："jus ad rem とその発展的消滅——特定物債権の保護強化的一断面"，载《一橋大学法学研究》1961 年第 3 期，第 298 页。

[4] [韩]Byun Woo-Joo："독일민법성립이전의부동산물권변동법리의전개"，载《法学研究》2009 年第 34 卷，第 153 页。

[5] ALR. I. 10 §2：为间接获得所有权的权源可以依靠意思表示、法规、判决来成为基础。

特别是 ALR 中关于抵押权的规定方面，未将占有转移而是将抵押登记簿上的登记当作要件。[1]原来抵押权是一种不要求不动产占有的物权。关于抵押权，如上所说，当时普鲁士抵押权已经开始实施了登记簿制度并且已经确立了担保权登记主义。随着 ALR 接受了这样的抵押权登记主义，在与关于物权变动的基本原则"titulus-modus"（名义—方式）理论关系中，引发了所有权双层结构的问题。即，可能会出现实际占有土地的所有者和在设置抵押权的登记簿上的所有者，这种双重所有者并存的情况，因此土地所有的问题也变得复杂化了。

实际占有土地的所有者被称为自然的（naturliches）所有者，登记簿上占有土地所有者被称为市民的（burgerliche）所有者，[2]这两者并非一定一致。倘若按照所有权让渡的基本原则"titulus-modus"（名义—方式）理论，从登记簿的所有者获得让渡的受让人未办登记，在这种情况下，仅仅接受土地让渡的人才能主张是真正的所有者，所以虽然已经办登记但是未接受让渡的人不被承认为真正所有者。如此，和抵押权相关的土地所有权的问题是包括所有权的双层结构的问题。

（2）试图强制性名义变更（zwangstitelberichtgung）及挫折。

消除所有权双重结构的问题成了制定 ALR 之后的主要课题。解决这个问题的关键是解决自然的所有者和市民的所有者的分歧，对此，他们考虑给取得土地让渡的所有者负担必须进行登记的义务，即强制性名义变更（zwangst itelberichtgung）

---

〔1〕 ALR I. 2 §136：对于与作为其对象的占有未结合的权利，只有在特别法中被赋予的情况，才可以具有物权的性质。

〔2〕 [韩] Byun Woo-Joo："독일민법성립이전의부동산물권변동법리의전개"，载《法学研究》2009 年第 34 卷，第 156 页。

第三章 日耳曼法的物权变动和"titulus-modus"（名义—方式）理论的形成及其立法化

义务。

当时在普鲁士，为了取得土地所有权，仅仅通过让渡是不够的，必须还要更正抵押权登记簿上的所有名义。

但是，这种登记受当时启蒙主义专制国家的警察性、监护性倾向的影响，对与登记程序有关的 titulus 实行严格的实质审查主义。ALR 规定了取得抵押权的登记方式必须按照一般抵押令，同时通过补充规定强化了实质审查主义。[1]而且，ALR 规定了在登记程序上发生的问题，由相应负责的登记机关来承担赔偿损害义务。[2]因此审查的范围进一步扩大，并且随着程序以及慎重度加大，登记程序明显变复杂，程序期间也逐渐延长。[3]由此，出现了对因为审查范围的扩大而导致公权干涉私权的强烈批评。[4]由于这种强烈的抵抗，虽然暂时缓解了 1805 年提出的强制性名义变更义务，但是到了 1810 年，则以为了谋求公共福利和善良的秩序需要强制性的名义变更为由再次实施了强制性的名义变更。

但是由于之后提出的因强制登记产生的登记费用缴纳问题以及国家的警察性、保护性等限制问题引发公民的强烈批判，加之经济自由主义复兴等原因，1831 年 10 月 31 日的敕令

---

[1] ALR. I. 10 §12：为了防止土地所有权的不确定性以及由此而产生的诉讼问题，所有取得者都具有在抵押权登记簿登记所有权的义务。ALR. I. 10 §13：管辖法院审判员可以利用职权来命令取得者进行登记。ALR. I. 10 §14：按照一般抵抗令来决定登记期间以及用何种方法来强制命令懈怠的所有者进行登记。

[2] ALR. 20 §428：为管理抵押权登记簿而设立的机构要对法定方式的欠缺承担责任。

[3] [韩] Byun Woo-Joo："독일민법성립이전의부동산물권변동법리의전개"，载《法学研究》2009 年第 34 卷，第 157 页。

[4] [日] 小西飞鸟："ドイツ不动产法における实质の审查主义——历史の经过をたどって"，载《法学政治学论究》1996 年第 23 期，第 310 页。

(kabinettsorder）最终废除了强制性的名义变更义务。[1]在此以后，登记在获取所有权方面不再具备任何意义，仅被看作一种属于当事人酌量权的，对已经完成的所有权转移的任意且单纯的管理行为。

为了解决 ALR 的所有权的双重结构的问题，试图强制对抵押登记名义进行变更的尝试最终以失败告终，因此登记主义也只能衰败。因此法理上的所有权双重结构更加深化，在现实生活中，只有实际的占有者才可以对受让人进行占有转移，并且仅把占有者视为真正的所有者。未接受让渡的登记簿上的所有者只要未进行占有，那么就不具备处置所有权的权限，仅仅具有与占有无关的权利，即发生有效抵押权的权限。[2]

但是，登记簿上的所有者，与其进行抵押权交易者是善意的情况下，则关于抵押权交易的所有权利都能得到认可，[3]这表明在普鲁士登记簿上已经赋予了公信力。也就是说，ALR 至少对抵押权而言是通过登记制度来承认登记的公信力。因此，自罗马法以来的默认的、法定的抵押权彻底从普鲁士消亡了。而且至少在抵押权方面，通过登记制度来承认登记的公信力更容易确保公示性、特定性以及物权的稳定性，从而为资本主义的经济发展作出了贡献。[4]

---

[1] [韩] 洪性载："不动产物权变动理论의形成과立法의展开"，载《成均馆法学》1992 年第 1 期，第 40 页。

[2] ALR. I. 10 §7：在抵押权登记簿上登记的人，在与第三者签订的所有契约中，都被看作是所有权者。

[3] ALR. I. 10 §10：对于登记的所有权者与土地契约签订者，如果后者知道前者并非真实的所有者，那么他将无法取得任何权利。

[4] [韩] Byun Woo-Joo："독일민법成立이전의不动产物权变动法理의展开"，载《法学研究》2009 年第 34 卷，第 158 页。

第三章 日耳曼法的物权变动和"titulus-modus"
（名义—方式）理论的形成及其立法化

从此以后，随着市民社会的形成和发展、自由主义的思想的兴起、经济上的自由放任主义的发展，欧洲迎来了剧变。在这种急剧的社会变化中，因为当时的 ALR 所预定的法律情况的变化，该法律的效用性和实用性问题开始引发了许多批判。在法学领域，特别是以历史法学派为中心的后期普通法学派开始构建潘德克顿体系，并以当时的 ALR 作为批判对象。特别是 ALR 所包含的所有权转让理论成为了批判的中心。

三、后期普通法学中"titulus-modus"（名义—方式）理论的批判

"titulus-modus"（名义—方式）理论是继承了把原因和让渡作为所有权取得要件的罗马法原则。这种"titulus-modus"（名义—方式）理论当初仅适用于继承获得。但是随着被 ALR 受用，它不仅适用于所有权转移，而且开始扩张适用于所有的权利获得，同时 titulus 概念不仅适用于契约等法律行为，而且也适用于法律的规定、无主物的先占、判决等。自 18 世纪末开始，胡果（Gustav von Hugo，1764~1844 年）、蒂博（Anton Friedrich Justus Thibaut，1772~1840 年）、格鲁克（Christian F. von Glück，1755~1831 年）等开始对这一点进行批判。他们批判的核心是与罗马法中原来的意义相比，当时的"titulus-modus"（名义—方式）理论适用范围过于扩大化，特别是 titulus 过于扩张适用，导致债权以外的法律行为也都包含在内。[1]

格鲁克认为："让渡绝对无法成为获得所有权的独立的法律

---

[1] [韩] Seo Eul-O《物权行为论에 관한 学说史의 研究》，世昌出版社 2008 年版，第 136 页。

原因，在每种情况下，根据能够通过让渡实现所有权取得的'原因'存在与否，这是个问题。"[1]如此他基本上接受了"titulus-modus"（名义—方式）理论并称"为了通过让渡来获得所有权，则必须将以让渡为目的的债权（obilgatio）作为前提。这种要求让渡的债权则可以称为正当原因（iusta causa），让渡则可以被称为取得形式"。[2]也强调了所有权转移的权源就是债权。

但是，他称"作为正当原因的债权从履行其的行为中也可以成立。赠与、未事先约定的消费借贷等就属于这种情况"[3]，他认为作为让渡正当原因的债权并不总是在让渡之前，这一部分值得关注。在这里格鲁克尽管还未达到将所有权的正当原因从债权分离的认识阶段，但由于否定了债权先行的必然性，从而冲淡了债权和让渡之间时间上的因果性。最终，在以后萨维尼批判"titulus-modus"（名义—方式）理论以及正式构建抽象物权行为理论过程中，为提出独立于债权的概念——物权行为提供了重要的素材。

但是格鲁克针对让渡原因未达成意思一致的情况，引用了乌尔比安，D.12.1.18 的内容，称转移意思未达成一致的情况下，所有权转移不成立。其内容如下：

> 在我把某种物品作为一定数量金额的担保而进行入质，但债权者误将其认为是购买物品，或者在我把一定数额的金额仅

---

[1] [韩] 洪性载："不动产物权变动理论의形成과立法의展开"，载《成均馆法学》1992 年第 1 期，第 24 页。

[2] [韩] 洪性载："不动产物权变动理论의形成과立法의展开"，载《成均馆法学》1992 年第 1 期，第 24 页。

[3] [韩] 洪性载："不动产物权变动理论의形成과立法의展开"，载《成均馆法学》1992 年第 1 期，第 24 页。

第三章 日耳曼法的物权变动和"titulus-modus"（名义—方式）理论的形成及其立法化

单纯想委托给某人，但对方却认为是借款的情况，这些情况同样。不管是哪种情况都同样不成立有效契约，因此，我依靠所有权或者以原因不存在为由提出返还不当得利请求的方式都可以收回交付金额。[1]

他对所有权转移中的与债权效力相独立的正当原因概念还尚未得知，只是在现有理论的基本框架中进行论述。

萨维尼也是如此，即使到了1804年依旧不能确定独自的立场，他称："让渡的正当原因必须是一种债权关系。也就是说，一种根据所有者意思能够转移所有权的行为必须先行。"[2]并且，"之所以产生这种一般性的错误，是因为混淆了不同的概念。也就是说，让渡只有存在获取正当所有权的'原因'（justa dominii acquirendi causa）的情况下，才可以转移所有权，而人们却将其也同样适用到其他情况，这是完全错误的"。[3]如此，他随着后期普通法学者认为的过度扩大的 titulus 和 modus 概念与原来罗马法史料中的 iusta causa 和 traditio 有很大差异的"titulus-modus"（名义—方式）理论提出批判性见解。

如此，19世纪初，由于后期普通法学者的批判，在当时盛行的"titulus-modus"（名义—方式）理论上的正当性问题面临着危机，这也最终预示着萨维尼的抽象的物权行为论即将揭开序幕。

---

[1] [韩] 洪性载："不动产物权变动理论의形成과立法의展开"，载《成均馆法学》1992年第1期，第25页。

[2] [韩] Seo Eul-O：《物权行为论에 관한 学说史의 研究》，世昌出版社2008年版，第138页。

[3] [韩] Seo Eul-O：《物权行为论에 관한 学说史의 研究》，世昌出版社2008年版，第138页。

第四章

萨维尼对"titulus-modus"(名义—方式)理论的批判以及物权行为理论的确立

物权行为理论对既存的"titulus-modus"(名义—方式)理论进行了批判,虽然受到一部分普通学者的反对,但还是成为当时占支配地位的学说理论。它在普鲁士土地所有权取得法中有所体现,并成为了《德国民法典》中物权变动理论的中心理论。

第一节 潘德克顿体系的形成以及萨维尼的法律行为论

萨维尼在当时物权与债权已经完全分离的潘德克顿体系的基础上添加法律行为理论中的意思主义,指出在物权与债权并未完全分离的体系基础上形成的既存的所有权变动理论——"titulus-modus"(名义—方式)理论局限性,并尝试提出一种能够克服这种局限性的公理。下面,将介绍作为研究基础的潘德克顿体系的形成过程以及其法律行为论。

一、潘德克顿体系的形成概况

构成罗马法最重要的部分就是记录罗马法学成果与皇帝准

第四章 萨维尼对"titulus-modus"(名义—方式)理论的批判以及物权行为理论的确立

则的法学汇纂和"法典"(codex)。法学汇纂是对法学者著作的摘录,其内容大部分是对法律案件的讨论。法典是关于皇帝的立法内容,其主要内容记录解决特定案件的裁决(rescriptum)。

法体系(rechts system)一般是指,把社会的法律总体可以作为一个法律体系来理解作为前提,并且通过依靠几个基本概念或者命题的演绎方法,所有的法规范都可以被推导出来的公理性体系(axiomatisches system)。[1]但是,罗马法的形式与现代法学中的"法体系"差距很大,这是因为当时的法学者用对于不同法律事例的决疑论(kasuistik)方法来进行了法律解释。[2]

中世纪法学者们把这种罗马法作为中心研究对象,因为他们把罗马法大典看作如同圣书的权威体,所以把准确理解罗马法原文作为学问目标。他们在这一过程中,把罗马法文本中以事例为中心的"非体系性"毫无批判地全盘接受,因此,当时的法学著述继续维持学说汇纂和 codex 的基本体系。

"意大利风格"(mos italicus)法学是以波伦亚为中心,依靠从 12 世纪到 15 世纪一直在欧洲占据支配地位的经院哲学方法论形成的。到了 16 世纪,随着学问中心转向法国,新的学风的法学兴起,这种新学风影响下的学者们,批判了注释学派,并且着重于运用历史学和语文学的方法从学问角度阐释罗马法原本的模样。这种学风被称为人文主义法学(humanistische

---

〔1〕 [韩] Seo Eul-O:"债权法의学说史的基础研究(Ⅰ)",载《法史学研究》2004 年第 30 卷,第 298~299 页。

〔2〕 [韩] Seo Eul-O:"债权法의学说史的基础研究(Ⅰ)",载《法史学研究》2004 年第 30 卷,第 298 页。

jurisprudenz）。

人文主义法学抛弃了对学说汇纂等的绝对盲信，脱离注释学派以及注解学派对罗马法的解释，采取一种对史料本身进行研究的新办法。特别是，他们试图对在"意大利风格"中并未形成的法律整体的系统进行阐述，尤其是在德国人文主义者阿佩而的研究中，明显体现出这种人文主义法学的特征。

阿佩尔对《法学阶梯》（Institutiones）进行了关注。法学提要在构成方面充分继承了盖尤斯的人、物品、诉权三分法，但是在《法学阶梯》中包括无体物在内的物（res）概念，他却将其仅仅局限于有体物（res corporales），从而导入了一种将包含物权以及债权的物概念分为所有权和债权的二分法。[1]并且，他认为人法仅具有所有权和债权背景意义，而诉讼权法则是所有权和债权的手段。

到了16世纪末期，在德国开始追求被继承的罗马法与现存的实务性法规的结合以及学问上的体系化。这个时代被称为"潘德克顿的现代惯用"（Usus modernus Pandectarum）。17、18世纪的法学著述对《法学阶梯》上的物品概念从主观权利的观点来理解并认为是物权（ius rerum, ius circa res），同时，将其分为物品上的权利（ius in re）以及向物品的权利（ius ad rem）两个方面。所有权和诉讼权属于前者，债权则属于后者。如此，私法就分为人法、物权法（包括继承法）、债权法三部分。最早对德国私法进行全面著述的是 Johann Gottlieb Heineccius（1681~1741年）的"Elementa iuris Germanici tum verteris, tum

---

[1] [韩] Seo Eul-O："债权法의学说史的基础研究（I）"，载《法史学研究》2004年第30卷，第300页。

第四章 萨维尼对"titulus-modus"（名义—方式）理论的批判以及物权行为理论的确立

bodierni"，在这里也是分为第一卷人法，第二卷"ius in re"和"ius ad rem"进行编制，第三章则是诉讼法内容。[1]

16世纪末，以荷兰为中心，按照人文主义的研究方法，同时又符合实务必要的罗马法研究得到发展，这种思潮逐渐形成了称作"典雅法学"（elegante Jurispundenz）的近代自然法学。典雅法学的先驱者是胡果·格劳秀斯（Hugo Grotius，1583~1645年），他从依靠人文主义形成的三分法体系入手，著述了《荷兰法入门：Inleidinge tot de Hollandsche Rechts-Geleertbeid (1631)》。[2]他把这本书分为第一卷人法（menschen），第二卷物权（beheering），第三卷债权（inschuld）进行了记述。并且，提出了包括物权和债权在内的所有权（toebehooren）概念。该所有权虽然看起来与《法学阶梯》中的 res 概念相似，但是它作为在物权与债权分化之后出现的上位范畴的概念，从这一点来说，是明显与"法学阶梯"中的 res 概念有很大差异的。自然法学这种以体系为中心的特征，为18世纪各国制定法典提供了决定性的理论根据。

Daniel Nettelbladt（1719~1791年）首先将私法上所有的权利和义务分为与继承有关的和无关的两部分，并通过这种方式来将继承法与私法中的其他部分相分离，把它作为私法体系的最后一部分。并且，将与继承法无关的部分再次分为人法（jus personarum），也就是今天的家庭法和物法（jus rerum），然后把物法继续分为物权法（jus in re），即以及债权法（jus

---

[1] [韩] Seo Eul-O："债权法의学说史的基础研究（I）"，载《法史学研究》2004年第30卷，第301页。

[2] [韩] Seo Eul-O："债权法의学说史的基础研究（I）"，载《法史学研究》2004年第30卷，第301页。

ad rem)。如此,Nettelbladt 的私法体系是按照物权法、债权法、亲族法、继承法的顺序构成的,与潘德克顿体系构成几乎相同。因此,就连潘德克顿体系的创立者胡果和 Heise 也将 Nettelbladt 称为潘德克顿的元祖。

胡果以 Nettelbladt 的体系为基础,重新构建了自己的体系。即,在绪论(einleitung)后面,按照物权(realrechte)、债权(persönliche obligationen)、亲族(familienrechte)、继承(verlassenschaften)的顺序排列,最后以诉讼法(proceß)结束。

Arnold Heise(1778~1851 年)在序语(vorrede)和绪论(einleitung)内容之后,第一章总则(allgemeine lehren),第二章物权法(dingliche rechte),第三章债权法(von den obligationen),第四章物的人法(dinglich-persönliche rechte),即家庭法,第五章继承法(das erbrecht),最后是第六章恢复原状(in integrum restitutio),按此构建了自己的体系。

萨维尼在柏林举行的讲义中,遵循胡果和 Heise 体系的方式,使它们在潘德克顿法学中成为标准形式。

二、萨维尼的法律行为论

(一)私法和法律关系

萨维尼对私法作了如下规定:"因为私法以环绕于个人周围的全部法律关系为对象,在这些法律关系中,个人具有其内在的生存并构成一种确定形式[1],所以在私法中,人本身就

---

[1] [德]萨维尼:《当代罗马法体系 I》,朱虎译,中国法制出版社 2010 年版,第 23 页。

第四章　萨维尼对"titulus-modus"（名义—方式）理论的批判以及物权行为理论的确立

是对象，所有的法律关系仅仅作为道具与人生存相关。"[1]并且，他的见解是从个人角度出发正式开始的，这里的个人具有"回归每个人的力量"，即"以自己的意思可以支配的领域"。[2]"个人对个人意思具有独立的支配关系"（Gebiet unabhängiger Herrsc-haft des individuellen Willens）[3]，"（这样的每个）人存在于外部世界的最中间，并且围绕他们的最重要的要素就是与和他们天性和命运上相同的人（具有以自己意思所支配的领域的人）的接触。为了在这种接触关系中，每个作为自由存在的人能够共同存在，这只能依靠承认'不可视的界限'才可能。规定该界限的规则就是法律"。[4]依靠这种法律，被决定的人之间的关系（eine durch rechtstregeln bestimmte Beziehung zwi-schen person und person）就会以个别法律关系的形式呈现出来。[5]也就是说，形成了一种依靠受到法律限制的个人意思并与他人意思相独立的支配领域[6]的人际关系，这样的人际关系就是法律关系，以该关系为对象的法律就是私法。

---

〔1〕[德]萨维尼：《当代罗马法体系 I》，朱虎译，中国法制出版社2010年版，第24页。

〔2〕[德]萨维尼：《当代罗马法体系 I》，朱虎译，中国法制出版社2010年版，第24页。

〔3〕[德]萨维尼：《当代罗马法体系 I》，朱虎译，中国法制出版社2010年版，第259页。

〔4〕[德]萨维尼：《当代罗马法体系 I》，朱虎译，中国法制出版社2010年版，第257页。

〔5〕[德]萨维尼：《当代罗马法体系 I》，朱虎译，中国法制出版社2010年版，第258页。

〔6〕[德]萨维尼：《当代罗马法体系 I》，朱虎译，中国法制出版社2010年版，第258页。

(二) 法律事实

萨维尼将"现代罗马法体系"中法律行为的概念与法律事实联系起来进行了系统化地整理。

他认为法律事实(juristische tatsache)是指影响法律关系产生或消失的事件(die ereignisse, wodurch der Anfang oder das Ende der Rech-tsverhältnisse bewirktist)[1],并分为当事者的自由行为(freie handlungen)和偶然事件(zufällige umstände)。[2]并且,如下再次将自由行为分为意思通过法律行为(意思表示)产生作用的情况以及意思以非法目的产生作用的情况(先占和事物管理等)。[3]"在自由行为中,行为者的意思可以起到两种方式的作用:①作为法律关系产生或者消亡的直接指向要素,即使法律关系的产生或消失可能仅是其他非法律目的的手段,这种事实就可称为意思表示或者法律行为。②或者作为其他非法律目的的直接指向要素,因此,法律效力则会在认识里面作为次要因素退居其后或者无法形成坚定的意欲。"[4]

(三) 作为法律事实的法律行为或者意思表示

萨维尼称"意思表示或者法律行为是指自由行为,同时也是行为者意思直接指向产生或消灭某种法律关系的法律事

---

[1] [韩] 洪性载:"不动产物权变动论的再定立",载《民事法学》2008年第2期,第353页。

[2] [韩] 洪性载:"不动产物权变动论的再定立",载《民事法学》2008年第2期,第353页。

[3] [韩] 洪性载:"不动产物权变动论的再定立",载《民事法学》2008年第2期,第353页。

[4] [韩] 池元林:"사비니의법률행위론과 그影響",载《法律行为论의史的发展과课题》,博英社1998年版,第84页。

第四章　萨维尼对"titulus-modus"（名义—方式）理论的批判以及物权行为理论的确立

实"。[1]即，法律关系是指个人意思支配领域中的相互关系，法律事实（juristische thatsachen）决定法律关系的发生或消失，这时，这个法律事实被规定为意思表示或者是法律行为。[2]

萨维尼提出，如果个人意思指向法律关系产生或消亡，作为表示形式的法律行为（意思表示）也会将法律关系的产生或消亡作为对象，这时的意思表示（法律行为）在功能上则成为生成法律关系的手段。并且，该意思表示可能仅作为当事人一方意思进行，也可能一人或多人意思与当事人意思一致，也就是作为契约来进行。[3]他认为契约是多人意思的一致，依靠这种契约来规定他们之间的法律关系。[4]契约作为由多人意思构成的一个不可分割的统一意思，这一点是与意思表示相区别的。[5]仅是契约作为一个意思也同样以契约关系的发生与消失为对象，这一点是与意思表示的相同之处。

---

[1] [韩] 池元林："사비니의法律行为论과 그影响"，载《法律行为论의史的发展과课题》，博英社 1998 年版，第 85 页。

[2] [韩] 池元林："사비니의法律行为论과 그影响"，载《法律行为论의史的发展과课题》，博英社 1998 年版，第 85 页。

[3] [韩] 洪性载："不动产物权变动论的再定立"，载《民事法学》2008 年第 2 期，第 353 页。

[4] [韩] 洪性载："不动产物权变动论的再定立"，载《民事法学》2008 年第 2 期，第 354 页。

[5] [韩] 洪性载："不动产物权变动论的再定立"，载《民事法学》2008 年第 2 期，第 354 页。

第二节 对现存"titulus-modus"（名义—方式）理论的批判

一、提出关于"titulus-modus"（名义—方式）理论的问题

"titulus-modus"（名义—方式）理论经过 16 世纪~18 世纪普通法时代，其适用范围逐渐扩大。在这时的理论中，titulus 概念包括了所有与所有权有关的法律根据，即契约、法律规定以及无主物先占等，不仅在继承获得方面，而且在原始获得方面也扩大了其适用范围。[1]进而不仅适用于所有权转移，更适用于所有的权利的获得，甚至 Johann Pütter（1725~1807 年）将该理论适用于出版人的权利方面。[2]这种理论适用范围的扩大是在沃尔夫（Christian Wolff，1679~1754 年），Joachim Georg Daries（1714~1791 年），Johann Gottlie Heineccius（1681~1741 年）主导下进行的。

这种"titulus-modus"（名义—方式）理论从 18 世纪末期开始，正面受到胡果、蒂博、格鲁克的正式批判。批判主要的论据就是 titulus 这个概念脱离罗马法被过度扩大化。如上所述，当时"titulus-modus"（名义—方式）理论极端地扩大了 titulus 概念的适用范围，不仅包括了法律行为，就连判决、继承这些非法律行为的原因行为也包含在内。

---

〔1〕[日] 好美晴好："jus ad rem とその発展的消滅—特定物債権の保護強化の一断面"，载《一橋大学法学研究》1961 年第 3 期，第 292 页。

〔2〕[韩] Seo Eul-O:《물권행위론에 관한 학설사의 연구》，世昌出版社 2008 年版，第 131 页。

第四章 萨维尼对"titulus-modus"(名义—方式)理论的批判以及物权行为理论的确立

与其说他们批判了该理论的根本问题,不如说实际上仅仅局限于批判该理论相比罗马法原本的意义被过度扩大适用这一点。[1]

二、对萨维尼"titulus-modus"(名义—方式)理论的批判性见解

萨维尼在1803年发表的《论占有》使他成为欧洲法学界的著名学者。萨维尼的老师雨果从根本上接受了"titulus-modus"(名义—方式)理论体系,仅反对当时被扩大适用的"titulus"概念,主张把titulus理解成为债权关系。这个时期,萨维尼也接受了老师雨果的这个见解。即萨维尼认为,让渡要件包括事实行为(让渡本身)、正当原因以及必须为真正所有者的交付者。这时,虽然正当原因不包括在让渡概念内,但是让渡只有与独立的正当原因相结合才能成为所有权获得方式。并且,让渡的正当原因必须是债权关系,也就是说,产生依靠所有者意思进行所有权转移的某种行为必须先行。[2]

但是,萨维尼进入柏林大学之后(1810年起担任教授一职),过了不久,他就提出了对当时的通说"titulus-modus"(名义—方式)理论基本体系的疑问。即包括原始获得与继承获得在内的所有权获得必须要求债权关系,这个债权关系就是作为所有权获得的正当原因的titulus,他就这一点提出了问题。也就是说,他不再对当时titulus过度扩张适用进行部分性

---

[1] [韩] Seo Eul-O:《물권행위론에 관한 학설사의 연구》,世昌出版社2008年版,第136页。

[2] [韩] Seo Eul-O:《물권행위론에 관한 학설사의 연구》,世昌出版社2008年版,第138页。

批判，而是开始具有关于该理论基本体系的问题意识。

萨维尼问题意识的核心就是怎样理解正当原因这个概念，他首先针对现存理论中的正当原因（tiutlus）是否总是先行于让渡（modus）这个问题作了如下说明。

"正当原因并非事先被要求。并且它也可以与让渡这个事实行为（das Fact）相结合。"[1]其实他的这种观点事实上与保罗 D.41，1，31 pr. 中的"正当原因要先行"的部分并不一致，对于这一点，之后包括 Ranieri 之内的有些学者认为萨维尼忽略单纯的罗马法要素，通过原著的先理解（vorverständnis），以体系的、方法论的观点构建了新的所有权变动理论。[2]

萨维尼继续在 1815 年以他的著名的现实赠与（handschenkung）为例，对其进行了详细的解释。"在让渡方面，正当原因与让渡必须总是相竞合（concurriren）的观念对让渡而言是错误的。我们给某个乞丐一分钱，这种情况下，哪里存在前后者？在这里，仅有一种事实行为（factum），并未出现相分离的事件（Thatschen）。它不是契约，一切也都不会事先进行。"[3]

萨维尼认为，给乞丐铜钱的行为仅仅是一个事实行为，并不以另外存在先行作为原因的契约。并且，金钱让渡这个事实行为本身也无法被看作是一种契约。如此，不存在原因的情况

---

[1] [韩] Seo Eul-O：《物权行为论에 관한 学说史的研究》，世昌出版社 2008 年版，第 139 页。

[2] [韩] 李珽基："抽象性原则"，载《法史学研究》2005 年第 32 卷，第 383 页。

[3] [韩] Seo Eul-O：《物权行为论에 관한 学说史的研究》，世昌出版社 2008 年版，第 139 页。

第四章 萨维尼对"titulus-modus"(名义—方式)理论的批判以及物权行为理论的确立

下发生的所有权转移违背了"titulus-modus"(名义—方式)理论,并且用该理论无法对这种现象作出解释。萨维尼指出了现存理论体系的局限性,并以他的法律行为论(法律关系就是个人意思的独自支配)为基础[1],作了如下阐述:

在这里,不存在任何的债权关系,仅存在一种单纯的事实转移,即完全实现赠与者意思的所有权转移。因为正是赠与者的意思将受赠者变为所有者,而不是其他因素。因此,我们应当将正当原因称为通过让渡来实现所有权转移的所有者的意思。这才是符合所有的行为、所有的事例的正当原因的一般概念。[2]

如此,萨维尼通过现实赠与的事例,主张正当原因并非总是先行于让渡,并且这个原因就是通过让渡实现所有权转移的所有者的意思,从而对"tiutlus-modus"(名义—方式)理论的根本体系提出了批判性见解。

第三节 萨维尼物权契约理论的形成与批判性见解

一、萨维尼物权契约理论的出现

若按照当时的通说,将正当原因理解为债权关系,那么将无法解释在像现实赠与这种事先不存在债权关系的情况下,仅通过让渡这种事实行为成立的所有权转移。萨维尼则指出了这

---

[1] [韩] 郑泰纶:"독일의德国에서의无因的物权行为",载《法学论集》2005年第2期,第69页。
[2] [韩] Seo Eul-O:《物权行为论에 관한 学说史의 研究》,世昌出版社2008年版,第140~141页。

种通说理论的局限性,并将他的基于意思表示的法律行为理论适用、贯彻到所有权变动体系中。

在罗马法中,赠与意味着现实赠与而不是契约,它是作为所有权转移根据的"原因"之一。这种作为所有权转移"原因"的"赠与"和"清偿"不同,"清偿"是指作为实现债权关系的所有权转移的"原因",而"赠与"是指现实赠与,意味着不具有先行债权关系的现实占有转移。

罗马法上的所有权转移正当原因经过中世纪法学,到了人文主义法学时代,被 titulus 概念所整理归纳,titulus 则起到了赋予让渡(modus)正当性的作用。但是就赠与而言,因为其本身就是一种现实性让渡,由此不具备值得归入 titulus 的要素。这种现实赠与的特征以及由此而产生的"titulus-modus"(名义—方式)理论的局限性和不完整性受到萨维尼的指责。

萨维尼追求一种一般概念,"此概念可以对通过债权转移而成立的所有权与仅通过现实让渡而成立的所有权做出统一的解释,并且其可作为"与所有的行为或事例相吻合的正当原因"。[1]在查找关于这种所有权转移的所有行为和事例共同之处的过程中,萨维尼则提出了独创性的见解。即,在让渡这个现实行为中,除了占有转移这一事实行为,也包括所有权转移的合意,而这个合意则可以成为正当原因。萨维尼将其表现为"想转移所有权的所有者(赠与者)意思"[2],并且,萨维尼认为,买卖契约这一合意就是使作为债权契约的买卖成立的债

---

[1] [韩] Seo Eul-O:《물권행위론에 관한 학설사의 연구》,世昌出版社 2008 年版,第 143 页。

[2] [韩] Seo Eul-O:《물권행위론에 관한 학설사의 연구》,世昌出版社 2008 年版,第 144 页。

第四章 萨维尼对"titulus-modus"(名义—方式)理论的批判以及物权行为理论的确立

权的合意,并且除此之外,还存在其他种类的合意。这种其他种类的合意并不是将债权的成立作为内容,而是将物权变动作为内容,并且如果它在双方间相对成立,就称作物权式契约。

萨维尼把契约定义为"与所决定法律关系的意思表示一致的多数人的合意"[1]。也就是说,契约作为在主观上可以设定或转移权利的法律上自己决定手段,是最重要、最具包括性的意思表示的种类。[2] 在这种前提下,他批判将契约这种概念无意识地限制解释为债权契约,主张契约作为一般性概念,私法契约包括以产生、消灭债权关系为目的的契约、物权法以及家族法上的契约。[3] 并且,让渡把以占有和所有权转移为目的的意思表示作为内容,并且根据其意思表示来决定行为者间一种新的法律关系,这样的让渡是依靠当事人意思来进行所有权转移的行为,从这个意义上说,让渡可以成为充实契约概念标志的"真正意义上的契约"(ein wahre Vertrag)。

即,所有的让渡在本质上都是真正的契约,并且正当原因就意味着该契约。但是,并不需要存在某种债权契约。因为要是那样的话,可能会再次陷入严重的错误。所以,不如将让渡视为真正的物权契约,即物权法的契约(ein wahrer dinglicher Vertrag, ein Vertrag des Sachenrechts)。[4]

---

[1] [韩]李珊基:"抽象性原则",载《法史学研究》2005年第32卷,第381页。
[2] [韩]李珊基:"抽象性原则",载《法史学研究》2005年第32卷,第381页。
[3] [韩]李珊基:"抽象性原则",载《法史学研究》2005年第32卷,第381页。
[4] [韩]Seo Eul-O:《物权行为论에 관한 学说史的研究》,世昌出版社2008年版,第145页。

如此，萨维尼把正当原因（justa causa）这个概念换称物权契约这个概念，并且推导出一种符合所有行为和事例的一般性概念。萨维尼这种物权契约概念的导出就是在他的法律行为论基础上完成的。

二、萨维尼的物权行为论

萨维尼理论的基础就是他的法律行为论中的个人意思的独立支配力。他认为，只要个人的独立意思或者个人间的意思合意不受到法律禁止，那么就可以产生法律效果，并且根据意思或其意思合意所要支配的对象差异，可以把法律关系分为物权和债权。也就是说，他把意思支配的对象分为自己的人格（die eigene person）、不自由的自然（die unfreie natur）、他人的人格（fremde person）等三种。[1]并且，他把对不自由的自然和他人的人格的支配意思分别称为物权和债权，并仅把它们作为法律关系的对象。[2]物权是指对物的支配权，对萨维尼而言，物权就是"在一定空间内，被拘束的不自由的自然的一部分"，[3]因此，对于他来说，物权就是指根据对不自由的自然的支配意思的支配权。与此相反，债权虽然是指根据对他人人格的支配意思的支配权，但这里的他人人格并非指全体的人格，仅仅是在相关各个行为中的他人人格。并且，这个行为必

---

[1] [韩]洪性载："不动产物权变动论的再定立"，载《民事法学》2008年第2期，第354页。

[2] [韩]洪性载："不动产物权变动论的再定立"，载《民事法学》2008年第2期，第354页。

[3] [韩]洪性载："不动产物权变动论的再定立"，载《民事法学》2008年第2期，第354页。

第四章 萨维尼对"titulus-modus"（名义—方式）理论的批判以及物权行为理论的确立

须出自行为者的自由，像这样根据对相关各个行为中的他人人格支配意思的支配力就是债权。[1]

如此，萨维尼将法律关系明确地区分为物权、债权，从而规定了指向物权产生和消灭的物权契约以及指向债权产生和消灭的债权契约。并且，萨维尼在物权合意的基础上添加了事实性让渡，从而构成了物权契约的内容。[2]并且，物权契约在内容方面，仅仅把指向物权转移的意思一致作为其构成要素，此外的法律性、经济性上的其他目的都不被包含在内。也就是说，在债权契约与物权契约的关系方面，债权契约不过是物权契约的动机而已。[3]换句话说，萨维尼并未把债权行为看作是物权契约的原因。从这一点上可以说，萨维尼的物权契约在内容上已经包含了抽象的物权契约（inhaltliche abstrackter dinglicher vertrag）的性质。

正如前文所说，萨维尼为了克服当时的通说"titulus-modus"（名义—方式）理论所具有的局限性，即，无法解释通过不存在债权关系的赠与等实现的所有权变动，则对罗马法的traditio进行了新的解释，这种过程中，他的理论由此而形成。也就是说，为了获得对罗马法上要式物的市民法上的所有权，需要存在当事人之间不要式的让渡和正当原因。对此，萨维尼认为，traditio是一种物权契约。他认为债权关系无法成为正当

---

[1] [韩]洪性载："不动产物权变动论的再定立"，载《民事法学》2008年第2期，第354页。

[2] [韩]洪性载："不动产物权变动论的再定立"，载《民事法学》2008年第2期，第355页。

[3] [韩]洪性载："不动产物权变动论的再定立"，载《民事法学》2008年第2期，第355页。

原因，而所有权让渡意思才是正当原因，与事实让渡一起共同构成物权契约。

萨维尼拿尤利安 D.41.1.36 作为该见解的法律依据。Julianus D.41.1.36（13 digestorum）："如果对转移物品已经达成合意却未就原因达成合意的话，那么我不介意为什么该让渡必须是无效。如果我是根据遗言来对你承担转移土地的债务，而你却认为我是根据要式口约来对你承担债务；或者我出于赠与的目的把钱币转移给你，而你却当作消费借贷来受领，所有权还是进行了转移，关于交付与受领的原因的不一致很明显并未成为阻碍。"[1]

在这里，尤利安认为，一方以赠与的意思转移货币或者物品，而另一方却看作消费借贷来受领，这种情况下，标的物所有权转移到另一方。对此，萨维尼称："尤利安认为，所有权转移的意思，乃是具有决定性意义的。对于该意思的原因，双方当事人以之为前提的原因纵使不一致，也不妨碍所有权的移转。"[2]如果两当事人对所有权转移意欲一致，那么即使他们的意思指向不同的法律行为，也的确可以发生所有权转移，这里就提供了一个产生所有权效果的例子。[3]即，一方持赠与意思，另一方却持消费借贷意思，即使存在这种相互的错误（动机错误：在现代法中指意思不一致），但在让渡人和受让人之间，存在一致的所有权转移意思，而只有这一点对于标的

---

[1] [韩] Seo Eul-O：《물권행위론에 관한 학설사의 연구》，世昌出版社 2008 年版，第 91~92 页。

[2] 赵冀韬：《负担行为与处分行为的区分》，法律出版社 2006 年版，第 76 页。

[3] [韩] 洪性载："不动产物权变动论的再定立"，载《民事法学》2008 年第 2 期，第 356 页。

第四章 萨维尼对"titulus-modus"(名义—方式) 理论的批判以及物权行为理论的确立

物所有权转移而言才是重要的。[1]因此,如果一方以买卖或者赠与的目的转移标的物,另一方以借贷或委托为目的来接受让渡标的物的话,那么物品所有权未转移。[2]因为在这种情况下,只有一方当事人具有所有权转移意思,并不存在双方间对此的意思一致。

如此,萨维尼在当事人的法律行为意思以权力变动为目的的基础上,把所有权转移理解成为物权契约,也就是以合意与转移来成立的法律行为。为了使其正当化,萨维尼将要式买卖与让渡进行了比较,主张正当原因就是为了所有权转移的标志总体,[3]并且让渡的抽象性就是"从无限的不稳定和肆意中救济交易的唯一方法"。[4]

萨维尼的这种理论整理如下:

(1)让渡本身就是契约,因此契约的一般规定也类推适用于物权契约。

(2)从法律理论层面来讲,物权契约也与债权契约一样,具有单独性,并且这是所有物权法律行为的基础。物权契约的目的与债权契约不同,其目的是物权的得失变更。转移从继承取得的意义来讲,是以物权的所有权转移为目的。

(3)物权契约和其原因行为(gtundgeschäft)的关系是给

---

[1] [韩]洪性载:"不动产物权变动论的再定立",载《民事法学》2008年第2期,第357页。
[2] [韩]洪性载:"不动产物权变动论的再定立",载《民事法学》2008年第2期,第357页。
[3] [韩]洪性载:"不动产物权变动论的再定立",载《民事法学》2008年第2期,第383页。
[4] [韩]李琎基:"抽象性原则",载《法史学研究》2005年第32卷,第383页。

付和动机（motiv）、认识手段（erkenntnismittel）的关系。因此，物权的履行行为并不受到由于原因行为的瑕疵或欠缺带来的影响，仅仅是用不当利益返还的方法来调节公正性。换句话说，物权契约不受其经济性原因行为的束缚。

（4）在罗马法院，iusta causa traditiois 可以看作是确保所有权转移意思合意的全部认可总体。

由此，诞生了权源与无因关系的物权行为，也就是无因性物权行为。

三、萨维尼抽象物权理论的批判性发展

温德沙伊德（Windscheid，1817~1892年）认为："让渡就是所谓的实质行为而并非形式行为。意思是产生法律效果，而不是与其规定原因相结合。所规定的让渡原因把所有权转移意思的认识作为根据，并不是被赋予法的形式。这是通说。"[1]并且，同样在实务方面，1890年Reich法院称，"物权契约的抽象性理论在理论和实务方面，受到了普通法理论的欢迎"。[2]如此，萨维尼的物权契约理论占据了理论上通说的位置，并且在实务上也被解释。

萨维尼的物权契约理论被当作当时德国的通说理论，并且以他的弟子普赫塔（G. F. Puhta）(1798~1846年)对罗马法 D. 41. 1. 36 再次进行的解释，来主张物权契约有因性的 F. Eisele，以及 R. von Jhering（1818~1892年）等为首的后期

---

〔1〕［韩］洪性载："不动产物权变动理论의形成과立法的展开"，载《成均馆法学》1992年第1期，第29页。

〔2〕［韩］洪性载："不动产物权变动理论의形成과立法的展开"，载《成均馆法学》1992年第1期，第29页。

第四章　萨维尼对"titulus-modus"（名义—方式）理论的批判以及物权行为理论的确立

普通学者为中心，对萨维尼的物权契约理论进行了理论批判并提出新的见解，展开了更具发展性的讨论。

（一）普赫塔的所有权让渡理论

普赫塔在其遗稿《现代罗马法讲义》中称："让渡首先不过是单纯的所有权转移。它之所以能产生所有权转移效果是因为与其相结合的、指向所有权转移的意思。所有当事人都必须存在这种意思。它就是让渡的正当原因。正当原因是指包括就所有权授予达成合意的法律行为，比如，买卖、赠与、清偿、消费借贷等。"[1]他认为，让渡不是独立的物权契约而是单纯事实上的占有转移，包括买卖等其他正当原因的法律行为是成立所有权转移的必要条件。并且，"包含正当原因的法律行为仅通过有关正当原因的内容，就可作为所有权转移的问题具有其意义，而其他的法律行为个别的内容不过是正当原因——意思的动机"。[2]从而把让渡的基础，即法律行为的内容划分为所有权转移意思和其他内容，在这里，所有权转移意思就是让渡的正当原因，其他内容不过是所有权转移意思的动机。对所有权让渡而言，只需要作为事实的占有以及所有权转移的意思，此外的其他法律行为的内容则对其不产生任何影响。从这一层面上来说，他在结论上与萨维尼赋予以所有权转移为唯一目的的物权契约无因性特征，是相同的。

但是，他认为让渡不过是占有转移的事实行为，赋予让渡法律效果的所有权转移意思，应从让渡之外的其他法律行为中

---

[1] [韩]洪性载："不动产物权变动理论의形成과立法의展开"，载《成均馆法学》1992年第1期，第30页。

[2] [韩]洪性载："不动产物权变动理论의形成과立法의展开"，载《成均馆法学》1992年第1期，第30页。

寻找。也就是说，引发让渡的法律行为，是与所有权转移意思结合在一起的。因此，按照他的这种观点，所有权转移体系并非由相互独立的债权行为和物权行为构成，而是仅由一个具有所有权转移意思的法律行为和作为事实行为的让渡构成的。

（二）F. Eisele 的有因性物权行为契约论

萨维尼提出了罗马法上作为他的无因性物权行为理论的根据——尤利安 D. 41. 1. 36。其内容中写道，在让渡人为了赠与而交付金钱，而受让人却作为消费借贷接受的情况，虽然赠与以及消费借贷都未成立，但是发生了金钱的所有权转移。萨维尼认为这一段落体现了以跟债权关系相独立的所有权转移意思为核心的物权契约和债权行为、物权行为之间的无因性，并以此作为他的无因性物权行为理论的根据。

但到了 1860 年，出现了针对萨维尼的这种解释是否妥当的质疑，而提出该质疑的代表性学者就是 F. Eisele。他认为："出于赠与目的给予的一方，不仅要考虑供给物的直接着落，即所有权转移，还要考虑受领者财产状态上的最终结果，如果把赠与的原因分成作为清偿的原因和作为信贷的原因，并将两者按量进行比较的话，那么以清偿为原因的赠与会相对更大。"[1] 根据大包含小的道理，以清偿为原因的赠与意图包含以消费借贷为原因的赠与意图。并称"不仅是所有权转移，也可以导出其以外的结果。在赠与的意图中，因为包含着小的信贷意思，所以，尤利安承认关于小的合意。因此，虽然（以清偿为目的的）赠与不成立，但是应当把消费借贷看作是

---

[1] [韩] 洪性载："不动产物权变动理论의形成과立法的展开"，载《成均馆法学》1992 年第 1 期，第 30 页。

第四章 萨维尼对"titulus-modus"(名义—方式)理论的批判以及物权行为理论的确立

成立的"。[1]像这样，Eisele 通过对 D. 41.1.36 进行再次解释，根据当事人所意图的契约的物权效果大小，物权变动的效力以其中较小效果为目的的契约作为原因而发生。即，他主张让渡的原因就是当事人的契约，以及该契约作为让渡的原因，也就是有因论。

(三) 后期普通法学者提出的无因性物权契约理论

萨维尼在其理论中，之所以首先从人类自由，对人类自由的相互承认，以及依靠法律关系来实现人类自由的稳定状态中寻找司法秩序目的，并且把让渡看作物权的法律行为，可以说是为了自由，也就是保障法律上的自我决定权利。因此，在他理论中，原本无法找到保护交易的目的性因素。但是，到了19世纪中期，有关物权契约的无因性构成在法技术层面被觉察，出现了试图从契约保护效果这一实际利益层面来解释物权契约无因性的倾向。[2]

尤其是 R. von Jhering，被称为最早通过物权契约无因性的契约保护的功能，并以实益层面展开论述的学者。[3]他在《罗马法的精神》中，认为将原因性要素 (causalmoment) 从所有权转移中分离出来，可以简化关于赋予 rei vindicatio (要求返还所有物之诉：对物的诉讼) 的相关证明，从而将其与赋予请求给付之诉 (condictio：对人的诉讼) 的情况进行了明确的区

---

[1] [韩] 洪性载："不动产物权变动理论의形成과立法의展开"，载《成均馆法学》1992 年第 1 期，第 30 页。

[2] [韩] 洪性载："不动产物权变动理论의形成과立法의展开"，载《成均馆法学》1992 年第 1 期，第 32 页。

[3] [韩] 洪性载："不动产物权变动理论의形成과立法의展开"，载《成均馆法学》1992 年第 1 期，第 33 页。

分。[1]如果按照罗马法，在原因关系不充分的情况下，仅仅是对于依靠该行为形成关系的当事人，才具有人的诉讼，也就是说，根据原因的瑕疵或者不存在的请求给付之诉可以被承认。因此，在原因根本不存在或者原因消失的情况下，如果所有权已经转移，那么实际上对让渡人赋予了对人的诉讼权源于目的不达成的请求给付之诉。该讼权作为出卖人对买受人的对人权利，在转移标的物之后，标的物的所有权不管与转移有关的债权关系是否具有效力都不受影响，也就是说，因为标的物的转移与债权成立了一种无因关系，所以出卖人只能通过对人诉权来保护自己的权利。他认为，在罗马法中有关交易保护、权利救济的方面，作为决定赋予对物诉权还是对人诉权标准的原因，以及原因与让渡之间的无因性起着重要的作用。他指出，无因性物权行为理论具有保护交易安全的优点，并使其成为法定政策的根据。[2]

就这样，由萨维尼成立的无因性物权行为理论，经过许多学者的批判性讨论，不仅在理论、学问层面，甚至在法技术、政策层面都作出了明确的体系构成。[3]最终，该理论在1872年被写入普鲁士的土地所有权取得法（preußischen Eigentumserwerbsgesetz）中。

---

[1] [韩]洪性载："不动产物权变动理论의形成과立法의展开"，载《成均馆法学》1992年第1期，第33页。

[2] [韩]郑泰纶："독일의德国에서의无因的物权行为"，载《法学论集》2005年第2期，第70页。

[3] [日]黄濑稔："无因性理论について—考察—ドイツ普通法学における所有权让渡理论を中ふとして"，载《法学论丛》1965年第2期，第56页。

# 第四章 萨维尼对"titulus-modus"(名义—方式)理论的批判以及物权行为理论的确立

第四节 无因性物权契约理论在立法上的表现

一、普鲁士土地所有权取得法(preußischen eigentumserwerbsgesetz, EEG)的成立

进入 19 世纪,普鲁士的经济状况及经济结构都发生了巨大的变化。大地主贵族为了获得大量新的土地,追求土地经营合理化以及农业技术改良,这些都需要高额的资本。不仅是大地主贵族,一般的投资者也开始频繁使用担保,特别是不动产担保。这种情况下,由于登记簿的使用,在不动产担保中,抵押权的重要性也在不断加强,因此,为了保证利息的领取和投资资本的安全回收,也要求制度上的整顿与发展。[1]

为了满足这个要求,一个法律草案得到了审议,而这个草案就是 EEG 草案。该草案以如下几个问题为中心进行审议:第一,在当时的法制里存在一种法律状态不稳定的所有权双重结构,为了去除这种结构,就要废除通过让渡的所有权转移,实现与通过登记的所有权转移一元化;第二,为了摒弃阻碍交易快速性、导致登记程序缓慢的登记实质性审查主义,通过采用不动产所有权让渡合意(auflassung)制度来从登记管理对象中排除买卖契约等原因行为。

通过这样的审议过程,以既存的"titulus-modus"(名义—方式)理论为基本框架,就不动产而言,登记被认为是取得

---

[1] [日]原岛重义:"无因性确定の意义につい——无因性の概念研究",载《法政研究》1957 年第 1 期,第 79 页。

方式 modus，而不动产所有权让渡合意则被认为是取得形式的权源 titulus。由此，不动产转移不再通过让渡，而是必须在以不动产所有权让渡合意为根据的账簿上过户才能完成。[1]此时的不动产所有权让渡合意被认为是一种以所有权转移为目的的所有者的意思表达形式。也就意味着"原因"（causa）存在于不动产所有权让渡合意本身之中。最终，EEG 在 1872 年被制定，关于不动产所有权让渡合意规定如下：

第一条：任意让渡的情况中，只能依靠不动产登记簿上的所有权转移登记，才可以获得土地所有权。

第二条：土地的不动产所有权让渡合意（auflassung）要通过口述，在拥有管辖权的登记官面前履行，此时，现登记所有权者要表现出同意新获得者登记的意思，新获得者要表现出申请该登记的意思，以此来发生效力。

据此，EEG 上规定了，土地所有权让渡只有通过包括两位当事人的意思表示的不动产所有权让渡合意以及登记来完成，通过这种方式，实现了所有权转移方法的一元化，这是与 ALR 不同的。同时，登记公务员的审查对象也仅限于不动产所有权让渡合意，也就是说，并未涉及作为原因的债权行为，从而规定了债权行为上存在的瑕疵并不能对不动产所有权让渡合意效力产生任何影响。这就显示了萨维尼的无因性物权契约

---

〔1〕 EEG 规定，在占有让渡的情况，土地所有权发生以 auflassung 为基础，并在土地登记簿上进行所有权转移登记才可以取得。参见［日］原岛重义："无因性确定の意义につい-无因性の概念研究"，载《法政研究》1957 年第 1 期，第 88 页。

第四章 萨维尼对"titulus-modus"(名义—方式)理论的批判以及物权行为理论的确立

理论在立法上的表现。[1]

二、德国民法上的无因性物权契约理论的立法确立

(一)《德国民法典第一草案》

到了19世纪中期,1864年的《拜仁州民法草案》与1865年的《萨克森民法典》根据萨维尼的物权变动理论,采用了所有权转移理论,即"在让渡人与受让人之间,所有权的变动依靠以此为目的的合意以及转移方法来得以成立,此时,作为原因的原因关系的有效性或者原因关系的存在并不是问题"。

在这样的立法事例背景下,《德国民法典第一草案》的物权法主稿人 R. Johow 宣布了更容易解决在物权法领域中的权力者与获得者之间的利益纷争的手段——公示原则(publizitätsgrundsatz),并放弃了法国法上纯粹的合意主义(konsensprinzip)以及罗马法上的让渡主义(traditionsprinzip)。[2]

他认为,ALR 上根据"tutulus-modus"(名义—方式)理论的规定就是债权法与物权法的混合,它们各自的法规必须要根据其固定的性质来加以整理,因此,对于物权法而言,无须存在物权法上独立的契约,也就是物权契约。[3]

同时,Johow 称,在所有权关系的公示原则下,所有权通过登记来转移,为了使这种登记制度能够顺利进行,最重要的

---

[1] [韩]洪性载:"不动产物权变动理论의形成과立法的展开",载《成均馆法学》1992年第1期,第44页。

[2] Johow, Vorlage I, zit. nach H. H. Jakobs/W. Schubert (Hrsg.), Beratung des Bürgerlichen Gesetzbuchs in systematischer Zusammenstellung der unveröffentlichten Quellen, Sachenrecht I (=Beratung des SachesR) 1985, 30f.

[3] [韩]洪性载:"不动产物权变动理论의形成과立法的展开",载《成均馆法学》1992年第1期,第48页。

就是明确确认登记的法律原因。因此，如果采用实质审查主义（legalitätsprinzip）来审查登记原因的债权关系真实与否的话，最终会引起交易延缓以及交易结构梗塞，应该通过不动产所有权让渡合意，使登记过程中的审查对象从当事人的债权关系中严格地被分离出来。在所有权转移方面，他以这样的程序需要为由，将关于债权的原因从物权变动中分离出来，并将该原因归属于债权行为，从而构建了债权行为和物权行为之间的独立性，并且将这种概念扩大适用到动产物权法方面。[1]对此，他从法制史的观点上解释了其妥当性。

在罗马法压倒德国法学之前，不动产所有权让渡合意作为不动产所有权获得的方法，要求对物权法在当事人的债权关系中进行严格的区分。因此，人们区分了让渡人承担在将来向他人转移所有权的义务这一法律行为，以及行为进行时让渡人作出向他人让渡物品的表示这一行为。但是，这种通过对罗马法的继承而来的罗马法理论与固有法秩序并不冲突。因为，作为对标的物的绝对支配的所有权，是作为这种支配权的体化的占有互相结合。同时，所有权取得把以所有权取得为目的的名义（titulus），以及物权让渡（modus）当作要件之一的见解也被打破。这是因为对受让人与让渡人而言，所有权转移必然需要向受让人转让所有权的让渡人意思（明示或者暗示）以及意思表示。[2]

---

〔1〕[韩]李珊基："抽象性原则"，载《法史学研究》2005 年第 32 卷，第 388 页。

〔2〕[韩]李珊基："抽象性原则"，载《法史学研究》2005 年第 32 卷，第 388~389 页。

第四章 萨维尼对"titulus-modus"(名义—方式)理论的批判以及物权行为理论的确立

如此，Johow 在 1880 年物权法一部分草案（Teilentwurf des Sachenrechts，TE）中最早创造了实定法上的有关分离与抽象性原则的根据，提出了与其相关的法史学、法理学，并据此对现存的"titulus-modus"（名义—方式）理论进行了批判，并将其与现实赠与（handschenkung）相联系，采纳了萨维尼的见解，认为让渡的原因只能从转移意思（uebettragungswillen）来寻找。同时，他主张在所有权转移方面，应当将让渡从当事人的债权关系（von den obligatorischen beziehungen der bertheiligten）中来分离出来。

因此，根据这种观点，必须明确区别所有权者决定实行让渡的法律原因，以及转移所有权的两当事人的意思合意 Auflassung，并且通过公示方式来实现与法律原因独立的当事人的意思合意不动产所有权让渡合意。[1]

在这个过程中，不动产所有权让渡合意作为物权契约，其有效性并不需要法律原因（rechtsgrund），而且也不受原因错误、不一致、不存在等影响，在登记公务员面前，仅仅依靠关于物权变动登记意思的一致来完成。[2] 第一草案第 189 条的这项规定就是指物权契约的抽象性规定，具体来说就是，物权契约仅依靠指向物权设定、转移等目的的当事人意思表示就可以成立，并不需要作为法律原因的债权行为。而且，这种抽象性意味着处分行为并未具有目的这一事实（内容上的抽象性：inhaltliche abstraktheit），以及其有效性并不需要有效的原因关

---

[1] [韩] 李琎基："抽象性原则"，载《法史学研究》2005 年第 32 卷，第 389 页。

[2] [韩] 洪性载："不动产物权变动理论의形成과立法의展开"，载《成均馆法学》1992 年第 1 期，第 48 页。

系作为前提这一事实（外部的抽象性：äusserliche abstraktheit）。

（二）《德国民法典第二草案》

在第二草案里，删除了规定物权契约无因性的第一草案第829条内容。[1]第一草案第829条对物权契约的无因性作出了规定："对于前条所规定的契约的有效性不需要明示法律原因。这种契约的有效性不会因为契约当事人分别提出不同的法律目的，或者当事人提出的法律目的根本不存在或无效而失去效力。"[2]但是，第二草案删除了这项规定，但是并不意味着放弃物权契约无因性原则。Protokolle针对删除理由作了如下记述，"第829条规定是正当的，但却是不必要的。同条的第一款对第828条并未添加特别的法律内容，仅仅是出于单纯的教育性目的，即阐明了，考虑到在迄今为止的几个法领域中受到了'titulus-modus'（名义—方式）理论的支配地位影响，以后在获得对土地的物权方面，不需要除了无因契约及登记以外的其他特别的法律原因。物权获得只要具备第828条第一项中所提出的对土地的物权获得要件，就可以充分成立"。[3]

就这样，第二委员会明确地接受了物权契约的无因性，并认为"这种理论构成给所有权转移方式和保障交易的安全方面提供了很大的贡献"。同时，在第794条中规定，"（1）在

---

[1] [韩]李珊基："抽象性原则"，载《法史学研究》2005年第32卷，第391页。

[2] [韩]李珊基："抽象性原则"，载《法史学研究》2005年第32卷，第390页。

[3] [韩]洪性载："不动产物权变动理论의形成과立法의展开"，载《成均馆法学》1992年第1期，第51页。

第四章　萨维尼对"titulus-modus"（名义—方式）
　　　　　理论的批判以及物权行为理论的确立

对法律没有特殊规定的情况下，土地所有权的转移，即土地设定权利或权利转移以及担保设定，必须要进行权利发生变动的权利或当事人之间的物权合意（Einigung）以及土地登记簿上的登记；（2）依据第一款中的规定，物权合意的意思表示是在登记官、法官或者公证人面前完成的，在当事人向他们进行登记申请，权力者向对方交付同意登记书，以及在实质上完成登记之前，约束所有的当事人"。使用了在第一草案中未使用的"einigung"来表现物权契约。[1]

物权契约的概念在第二草案的基础上，最终写入了在1896年颁布的《德国民法典》第873条和第929条等相关规定。

---

[1] 赵冀韬：《负担行为与处分行为的区分》，法律出版社2006年版，第85页。

第五章

关于韩国民法中物权行为的讨论

第一节 对韩国民法中物权变动规定的立法过程的概括

一、对现行韩国民法形成过程的概括

韩国现行民法是在 1912 年沿用《日本民法典》制定的"朝鲜民事令"中第一次产生的。"朝鲜民事令"第 1 条规定:"关于朝鲜人民民事事项,如果'朝鲜民事令'或其他法令具有相关规定的话,就按照其规定实行,否则,就按照《日本民法典》实行。"[1]但是对于朝鲜人民之间的法律行为,除与公义秩序有关法令规定以外,如果已经存在相关惯例,则按照其惯例实行("朝鲜民事令"第 10 条)。[2]同时,关于朝鲜人的亲属及继承,也规定要按照朝鲜的惯例实行("朝鲜民事

---

〔1〕 [韩] 金曾汉:"韩国民法의法制史의비比较法의研究",载《首尔大学校法学》1968 年,第 27 页。

〔2〕 参见 [韩] 李银荣:"韩国民法의变迁",载《韩国文化研究》2005 年第 9 卷,第 181 页。

第五章 关于韩国民法中物权行为的讨论

令"第 11 条)。[1]但是财产法原则上按照《日本民法典》规定实行。[2]

1945 年 8 月 15 日,朝鲜解放,同年 9 月 7 日,美军政时期开始。同年 11 月 2 日发布的军令制 21 号阐明,从 1945 年 8 月 9 日至今实施的具有法律效力的规定、命令、告示、其他文书,在根据军政厅的特别命令废除之前仍具有法律效力,地方的一切法规、惯例亦是如此。由此可见,军令制 21 号承认了既存财产法等法令的法律效力的续存。

随着 1948 年 7 月 17 日《大韩民国宪法》的颁布,大韩民国政府成立,美军政时期落幕。《大韩民国宪法》第 100 条规定"现行法令在不违背宪法的条件下具有法律效力"。当时还不具备新的韩国民法,在这样的情况下,现存的日本侵略时期的财产法,在大韩民国建国以后仍具有法律效力。

1948 年大韩民国政府内部设立法典编纂委员会,继续进行美军政下的民法制定工作。1950 年《民法案编纂要纲》完成,1953 年民法案完成,1954 年作为政府的法律案正式在国会中提出。国会司法委员会为了民法案的审议,成立民法案审议所委员会,对民法案的全部条文进行逐条审议。1957 年根据委员会的审议结果制定的修正案,最终以《民法审议录》上下册形式出版,并举行了听证会。同年民法学教授们就民法案和修正案共同进行了研究,以民事法研究会的名义出版了

---

[1] 参见 [韩] 李银荣:"韩国民法의变迁",载《韩国文化研究》2005 年第 9 卷,第 181 页。

[2] [韩] 金曾汉:"韩国民法의法制史의비比较法的研究",载《首尔大学校法学》1968 年,第 27 页。

《民事案意见书》。[1]同年国会议决通过的民法案,于1958年2月22日由政府以法律第471号正式公布,并按照附则第1号于1960年1月1日起正式实施。[2]就这样,韩国从此摆脱了日本民法的束缚,拥有了独立自主的民法典。

二、物权变动的立法及对此的解释论问题的出现

日本侵略时期的韩国民法对物权变动采用意思主义,相反,现行韩国民法中采用德国民法的形式主义。1957年,民议院、国会的法制司法委员会、民法案审议所委员会共同发行《民法案审议录》,在《民法案审议录》上册第177条中规定,"因关于不动产的法律行为引起的物权变动,必须进行登记才能产生法律效力",并提议将该项列入新民法,最终该项成了新民法第186条。这项规定取代了朝鲜民事令第13条登记的对抗要件主义(参照《日本民法典》第177条),把登记作为物权变动的成立要件,参照了《德国民法典》第873条、《瑞士民法典》第646条等立法例。[3]

民法案审议所委员会在对此法案的审议过程中,提出形式主义具有两个优点:第一,如果采用意思主义,那么物权变动

---

[1] 这里需要注意的是,有关韩国的民法,由于韩国当时现实中缺乏精通国外法学者和专门司法人员,因此在编纂民法案时,也只能主要参考依用民法或者以该民法为中心发展而来的学说或民法案纪要。由于这种恶劣的环境,仅仅存在民法案审议录上下册与民法案纪要(第26届国会定期会议纪要,国会事物处),并不存在民理由书。参见[韩]金亨培:"독일민법의계수",载《韩德法学》2004年第15卷,第40页。

[2] [韩]李银荣:"韩国民法의变迁",载《韩国文化研究》2005年第9卷,第181~182页。

[3] [韩]李银荣:"韩国民法의变迁",载《韩国文化研究》2005年第9卷,第195页。

第五章 关于韩国民法中物权行为的讨论

存在与否以及物权变动时间会不明确,但若采用形式主义,则不会这样,所以形式主义更容易保障交易的安全;第二,若采用意思主义,那么在物权变动中,会产生当事人之间关系与当事人和第三者之间关系不同的情况,[1]从而导致法律关系相对较复杂,但在形式主义中,法律关系却变得很明了。[2]同时,民法案审议所委员会也指出了形式主义的缺点。

但是,考虑到现行制度中的登记程序以及所需费用、时间问题,给当事人造成很大的不便,并且在动产物权变动中对第三者的关系和在意思主义中对第三者的关系互相一致,而且当事者之间的物权变动时期也不明了等方面,最终,德国式形式主义被列入新民法。

因为在依用民法中,并不存在新民法第186条所规定的关于物权变动形式主义的相关规定,所以新民法制定后,其解释问题也就出现了。在缺少相应法理和立法经验的情况下,为了构建一种符合韩国固有特性的理论,民法学家之间就此展开了积极的讨论。讨论过程中,以如何对第186条中的形式主义进行解释为核心,该解释论论争的范围也逐渐扩大到德国民法中

---

[1] 在意思主义下,不需要公示,仅依靠当事人意思表示就可进行物权变动,所以,第三者并不容易得知物权变动的事实。这容易导致第三者受到损害,因此,为了交易安全,就需要其他的制度。一般来说,对于动产,则承认公信的原则(比如《法国民法典》第1141条、第2279条),并同时使用登记对抗主义,该主义规定,对于不动产而言,只要进行登记,那么则可以对抗第三者。但是,不动产物权变动中的登记对抗主义,则将交易相关者的法律关系分成当事人之间的法律关系(依靠意思主义发生效力)以及对第三者的法律关系(要求公示方法的法律关系),从而将它们二元化。参见[韩]金相容:《物权法》,法文社1994年版,第93页。

[2] [韩]李银荣:"韩国民法의变迁",载《韩国文化研究》2005年第9卷,第195页。

物权行为概念的适用可能性、物权行为的构成要件以及是否承认物权行为独立性与无因性的问题。由此,在探讨韩国民法上关于物权变动及相关物权行为的具体问题之前,我们首先看一下德国民法上对解释论产生重大影响的有关规定及概念。

第二节 有关德国民法中的物权行为规定的概观

一、einigung 和 auflassung——物权行为

《德国民法典》第873条第1项规定,关于不动产的所有权转移、不动产权利设定及不动产权利转移、设定权利附减,如果对此没有其他规定,则需要权利变动的权利者与另一方达成合意(einigung),或者在不动产登记簿上进行权利变更登记。第929条规定,就不动产所有权转移而言,要求所有者向受让人转移标的物和双方之间达成所有权转移的合意,在受让人已占有标的物的情况下,则只需要所有权转移合意(einigung),这里用合意一词来代替了契约(vertrag)。同时,第925条第1款第1项规定,根据第873条,所有权转移要求不动产让渡人与受让人之间达成合意(auflassung:不动产所有权让渡合意),并需要两当事人共同在管理机关的鉴证下作出表示,这里则使用了不动产所有权让渡合意这一用语。

因而,根据《德国民法典》规定,引起物权变动的物权行为,即物权性合意(einigung),不仅通过单独行为,且在契约行为的情况下,同样与作为原因行为的债权行为(vertrag)相区别。合意在表现方式上,不要求特定形式,也可以附加条件或者期限。但是在合意中,作为不动产所有权转移合意的不

第五章　关于韩国民法中物权行为的讨论

动产所有权让渡合意，必须要在公证人面前进行，再由公证人提供相关证明的公证书。如果不具备这种形式，就无效。因此，不动产所有权让渡合意必须具备一定的形式，并且无附加条件和期限。[1]在德国民法中，这种合意和不动产所有权让渡合意被称为物权行为或者物权契约（dinglicher vertrag）。[2]

二、有关不动产物权变动的《德国民法典》规定及其他立法的具体内容

《德国民法典》关于因法律行为产生的物权变动，采用物权的合意和登记主义。第873、878、925、925条a款首先规定了，为了引起物权变动（土地所有权转移除外），当事人之间应达成物权的合意并办登记。但是，这种情况下，物权变动合意由于是无方式来进行，所以确定其存在与否相对困难。在《德国土地登记法》中，为了申请登记，需要获得登记义务者的登记许可（eintragungsbewilligung）（《德国土地登记法》第19条）。这时，登记义务者必须在履行合意之后才能进行登记许可，因此当获得登记许可时，通常解释为存在合意的履行。这里的登记许可必须通过公证证明书或者其他获得公证的书面形式来证明（《德国土地登记法》第29条第1款）。

但是地上权的设定则要求负责地上设定义务的契约应按照《德国民法典》第311b条第一项的规定形式（地上权第11条第2款），即地上权设定的契约要以公证证书的形式来制定。

---

[1] [韩] 郭润值：《物权法》，博英社2006年版，第36页。
[2] [韩] 尹真秀："물권행위에관한새로운概念"，载《民事法学》2005年第28卷，第5页。

并且,在地上权的设定、变更及转移的情况,应与不动产所有权让渡合意相同。只有具备当事人有关物权合意规定的证明方式,才可以进行登记(《德国土地登记法》第20条)。在这种情况下,虽然不要求提交登记许可书,但是必须具备物权的意思一致的相关证明才可以进行登记申请。此证明必须依靠公证证书或者其他获得公证的书面形式才可以(《德国土地登记法》第29条第1款)。也就是说,相对于为了保持登记簿的准确性而依靠登记许可证书来实现登记这种程序上的意思一致原则,将实际的意思一致原则作为优先原则,从而在有关不动产转让的物权协议等重要物权变动的文件中,对登记程序的要件加以强化。

但是,在土地所有权转移的情况下,当事人首先需要将包括买卖、赠与等在内的承担所有权转移义务的债权契约制作成公证书(notarielle beuk-undung)(《德国民法典》第311b条)。这时,公证人所制作的证明书的对象就是全部的契约内容。但是双方当事人不需要一起访问公证人来制作契约的公证证书。

接下来,当事人双方需要同时去管辖厅(zuständige stelle)进行不动产所有权让渡合意(《德国民法典》第925条第1款)。因为必须同时出席进行意思表示,所以在进行物权的意思表示时不允许时间上存在差异。如果一方当事人不协助进行不动产所有权让渡合意的话,根据《德国民事诉讼法》第894条,另一方可以请求法院判决让对方进行意思表示,以生效判决取代对方的意思表示。不动产所有权让渡合意只有在债权关系被制作成公正证书并以书面形式提交的情况下,或者债权契

第五章　关于韩国民法中物权行为的讨论

约与公正证书两个证书同时制作而提交的情况下，[1]才可以进行（《德国民法典》第 311b 条第 1 款及第 925 条）。同时，为了不动产所有权让渡合意的成立，对于让渡人的意思表示，受让人不能保持沉默，而要作出明示性的口头意思表示。这种情况下则不需要制作证书，仅靠口头表示就足够，因为第 925 条所要求的仅仅是在具有公证资格的地方签约，而并非制作证书。只是，由于在《德国土地登记法》上，不动产所有权让渡合意要在登记处依靠公证证书来进行证明（《德国土地登记法》第 20 条及第 29 条），所以，由负责不动产所有权让渡合意的公证人制作证明受领土地所有权转移的物权的合意的相关公证证书（《德国公证法》第 8 条以下）。

　　这种物权的合意（einigung, auflassung）作为法律行为，与登记相结合共同构成物权行为。也就是说，必须要在物权的合意上附加公示方法，才能产生效力。这种物权行为以直接产生物权变动为目的，并被认为是履行义务负担行为这一债权的处分行为，因此，物权行为并未遗留履行的问题。并且，原则上，物权行为具有无因性。[2]

---

〔1〕 在 1934 年之前，在登记公务员面前进行不动产所有权让渡合意，而 Vertrag 之后，则一般与登记申请一起进行。到后来该惯例则变为在公证人面前签订契约。到 1969 年之后，随着签订契约成为一种原则，则需要在公证人面前，把 vertrag, auflassung, antrag 全部一同制作成为一种材料。参见［韩］郑玉泰："독일민법상물권행위론에관한一考察"，载《社会科学论丛》1983 年第 11 卷，第 34 页。

〔2〕 虽然也承认例外，但物权行为无因性原则是指，第一，以有效的债权行为为条件进行的物权行为，第二，债权行为与物权行为在外表上是作为一个行为来进行的情况，第三，在债权行为与物权行为具有相同瑕疵的情况下，具有有因性的相对无因性依靠判例可以被承认，学说也支持该观点。参见［韩］洪性载："不动产物权变动理论의形成과立法의展开"，载《成均馆法学》1992 年第 1 期，第 360 页。

三、分离原则与抽象性原则

（一）分离原则

德国民法在法律概念之间，具有概念范畴的秩序。法律效果是通过法律规定与法律行为来产生的。在这些产生法律效果的法律要件中，法律行为可分为财产上的法律行为以及非财产上的法律行为。财产上的法律行为则被分成出捐行为与不出捐行为，出捐（zuwendung）是指能够使他人取得财产上利益的所有形式。[1]

其中出捐行为又再次分为义务负担行为（verflichtungsgeschäft）与处分行为，并且赋予它们互相独立的法律要件与效力，这就叫作分离原则。这种负担行为与处分行为从德国民法上的概念来看，处于法律行为下位的出捐行为的下位范畴。它们与抽象行为、有因行为处于同一概念范畴上的位置，因此，负担行为、处分行为、抽象行为与有因行为之间可以交错适用。同时，债权行为又属于负担行为的下位概念，物权行为属于处分行为的下位概念。因此，债权行为与物权行为的分离最终可以说是负担行为与处分行为分离的结果。[2]从而，按照分离原则，与现实买卖相同，虽然在外表上契约与让渡作为一个单一体进行，但其中还是存在两个独立的法律行为。

在德国民法上，根据这种分离理论被区分的负担行为与处分行为在概念上的差异主要表现在如下几点：第一，在意思表

---

[1]［德］维尔纳·弗卢梅：《法律行为论》，迟颖译，法律出版社2013年版，第159页。

[2] 赵冀韬：《负担行为与处分行为的区分》，法律出版社2006年版，第18~19页。

第五章 关于韩国民法中物权行为的讨论

示的内容上存在差异。[1]负担行为中的意思表示以行为作为指向对象,把对人的法律关系作为内容。与此相反,处分行为中的意思表示则指向标的物(gegenstand),把对物的法律关系作为其内容。第二,在法律效果上存在差异。负担行为仅仅产生义务与债务,与权利的转移无关。而处分行为成立之后所发生的法律效果则为财产权利的转移、变更、消亡以及权利上的负担设定。[2]第三,在对标的物的特定性要求上存在差异。负担行为并不一定需要标的物的特定性,不会因为标的物并非特定从而导致负担行为总是无效,但标的物不存在的契约不能时,则契约无效。与此相反,处分行为必须要求标的物的特定性,否则,不产生当事人所期待的法律效果。第四,负担行为中,如果行为人具有权利能力,则不管有无处分权,都可以进行负担行为。但是,处分行为把行为人的处分权当作要件,倘若不具备处分权,则处分行为无效。第五,在与公示原则的关系上存在差异。负担行为不要求公示,但处分行为必须通过公示方法对外表现出来。第六,在是否具有抽象性上存在差异。处分行为的效力并不依靠原因或原因行为,即使原因具有缺陷或原因行为无效,只要具备自身要件,则依旧具有效力。处分行为的这种抽象性是在物权、债权及其他权利的处分中实现的。但负担行为受到原因影响,在原因不存在或存在瑕疵的情

---

[1] 参见赵冀韬:《负担行为与处分行为的区分》,法律出版社2006年版,第89~92页。

[2] 德国民法中的vertrag属于负担行为,合意和不动产所有权让渡合意作为一种物权的合意,则属于处分行为。需要注意的是,这个物权的合意本身并不产生所有权转移,而是直接指向所有权转移。参见赵冀韬:《负担行为与处分行为的区分》,法律出版社2006年版,第116~117页。

物权行为概念史

况下,负担行为无效。

(二) 抽象性原则

在财产上的法律行为中,出捐行为(zuwendungsgeschäft)是指一方当事人对另一方当事人或第三者进行的给予行为,或指当事人之间进行的给予行为。这里的给予行为既可以是现实的给付,也可以是给付请求权的形成。[1]举例来说,以买卖契约为基础,出卖人取得代金请求权,买受人则取得目的物支付请求权。

这种通过给予来进行的出捐行为需要法律上的"原因"(causa)。这时,"原因"则成为出捐行为中给予具有正当性的理由,[2]换句话说,它起到赋予出捐行为当事人以正当性的功能。

这种出捐行为根据原因和出捐行为之间的关系,可以再次分为抽象行为(abstraktes rechtsgeschäft)与有因行为(kausales rechtsgeschäft)。在德国法体系中,抽象行为中给予的原因不作为其出捐行为的构成部分,而有因行为中的出捐行为则作为其出捐行为的构成部分,并且在德国民法中,所有权转移属于抽象行为,而买卖契约则属于有因行为。[3]

也就是说,在抽象行为中,原因并不是根据现实存在的个人的自由意思的法律行为或法律规定本身,而是根据法律行为

---

〔1〕 [德] 维尔纳·弗卢梅:《法律行为论》,迟颖译,法律出版社2013年版,第179页。

〔2〕 [德] 维尔纳·弗卢梅:《法律行为论》,迟颖译,法律出版社2013年版,第179页。

〔3〕 [德] 维尔纳·弗卢梅:《法律行为论》,迟颖译,法律出版社2013年版,第180页。

第五章 关于韩国民法中物权行为的讨论

或法律规定的出捐行为产生的义务的"履行"。将这些义务按照它们所产生的法律效果进行区分，区分的义务再依靠法律秩序进行范畴化，这最终形成了抽象行为的原因。传统上，以抽象行为的内容为基础，该原因被分为三种：贷付原因（causa credendi）、清偿原因（causa solvendi）和赠与原因（causa donandi），即债权形成、债权履行以及赠与的原因，并加以范畴化。与此相反，在有因行为中，相互对应的给付与请求权成为互相的原因。例如，在买卖契约中，出卖人义务与给付的原因就是买受人的义务与给付。

最终，抽象性原则中的抽象性是指，在每个人做出各种现实性、具体性的意思表示之前，作为先验性概念的原因所具有的特征。这意味着，每个人的各种意思无法直接成为该法律行为的原因，而是以被范畴化的先验性概念所吸收呈现出来的。因此，原因从出捐行为中脱离出来，并归属于独自的先验范畴。这种与原因相隔离的出捐行为被称为处分行为，处分行为内部不具有任何目的（原因）的特征被称为内在抽象。此外，即使负担行为无效或丧失效力，处分行为依旧有效。也就是说，以根据分离原则的负担行为与处分行为的分离为基础，来断绝它们之间效力的相关性，这种原则就叫作外部抽象。[1] 这时出捐的当事人的亏损则通过不当得利来做出调整。

---

[1] 参见赵冀韬：《负担行为与处分行为的区分》，法律出版社2006年版，第7~8页。

第三节　关于物权行为概念与其构成要素

一、绪论

有关物权变动的《韩国民法典》第186条规定，有关不动产的法律行为的物权得失变更，必须进行登记才可产生其效力，第188条第1款规定，有关动产的物权转移，必须让渡动产才可产生其效力，即规定不动产进行登记或者动产进行让渡之后，物权才能够被转移。因此，对于物权变动的公示方法采取了形式主义。

但是，在韩国民法中所有与物权变动相关的规定中不存在德国民法中的合意、不动产所有权让渡合意等物权行为概念。在这样的立法情况下，能否承认物权概念；倘若承认物权行为的概念，那么怎样的行为可以被称为物权行为；如果物权行为被理解为处分行为的话，包括登记之内的公示方式能否作为物权行为要件；[1]物权行为与作为负担行为的债权行为的关系如何等这些问题成为论证的对象。

综上，韩国民法中有关物权变动理论的所有争论点主要集中于如何理解物权行为的概念、与公示方法的关系理论以及与债权行为的关系。[2]这种争论体现在物权行为构成要件的问题、物权行为的独立性和无因性问题。

---

[1] [韩] Park Soo-Gon：“물권행위 개념에 관한 소고”，载《民事法学》2008年第2期，第172页。

[2] [韩] 赵明来：“물권변동의 법리에 관한 연구”，东国大学2000年博士学位论文，第6页。

第五章　关于韩国民法中物权行为的讨论

二、关于物权行为的概念

韩国民法上大多数学说在有关物权变动方面都承认物权行为的概念,仅仅就物权行为的概念是从物权变动还是债权行为的区别层面来定义尚存在差异。从物权变动的层面,可将物权行为定义为,以物权变动作为直接目的的当事人间的物权性合意以及作为公示方法的登记、让渡作为构成要素的法律行为,[1]或者定义为,以物权变动为目的的意思表示作为构成要素的法律行为。[2]从与债权行为的区别层面来看,债权行为作为承担义务的负担行为,可被定义为遗留履行义务问题的行为,而物权行为作为直接产生物权变动法律效果的处分行为,可被定义为未遗留履行问题的行为。[3]

与这种在根本上承认物权行为概念的多数说相反,关于物权行为独立性问题,少数说把物权行为独立性的问题理解为除了债权行为以外是否存在物权行为概念的问题。根据这种独立性见解,[4]少数说认为第186条与第188条上的法律行为和让

---

[1] [韩]姜台星:《民法总则》,大明出版社2006年版,第419页;[韩]池元林:《民法讲义》,弘文社2005年版,第387页。这种见解关于物权行为与公示方式的关系主张物权行为成立要件说。

[2] [韩]郭润值:《物权法》,博英社2006年版,第31页;[韩]金曾汉、金学东:《物权法》,博英社1997年版,第46页;[韩]李相泰:《物权法》,法源社2007年版,第43页。该见解在物权行为与公示方法的关系方面,构成了物权行为效力要件说与物权变动要件说。

[3] [韩]李瑛俊:《物权法》,博英社2009年版,第66页。

[4] 多数说的物权行为独立性问题是指,物权行为是否可以与债权行为互相独立来履行的问题。但是,与此相关的少数说把物权行为的独立性问题看作是物权行为是否与债权行为相独立的概念问题,因此,如果肯定独立性,也就承认物权行为的概念;如果否定独立性,也就是不承认物权行为的概念。

渡并非物权行为，否定了物权行为概念[1]，并作出了如下解释，从而否定了物权行为概念本身：

因为债权契约中所有权转移的意思表示与物权契约中所有权转移的意思表示在内容上是一致的，所以在实际交易中也并未被区分开来。尤其，否认物权行为独立性的见解认为（这里的独立性否认说是在关于物权行为的独立性问题的多数说上的否认说，即物权行为的独立性问题是指，在承认物权行为概念基础上，否定与债权行为独立进行的物权行为），虽然物权行为与债权行为互相吸收融为一体来实现，但实际上仅仅存在债权行为这一统一行为。仅靠物权的合意无法产生任何效果。最终，仅存在依靠债权行为发生的所有权转移请求权。倘若如此，则没有必要承认除债权行为以外的其他物权行为，实际上也无法进行区分，仅具有观念上的区别。[2]

但是，如前所述，对于《韩国民法典》第 186 条、第 188 条第 1 款，由于受到德国民法有关物权行为解释论的影响，韩国民法学界的大部分学说都将第 186 条的法律行为及第 188 条第 1 款的让渡理解为物权行为，第 186 条的登记及第 188 条第 1 款的转移则为不动产与动产各自的公示方法。由此，从根本而言，物权行为的争论是在承认物权行为概念的情况下，从物权行为的构成要件开始的。

---

[1] [韩] 金曾汉、金学东：《物权法》，博英社 1997 年版，第 43 页。
[2] [韩] 郑照根："物权行为의独立性否认论"，载《高式界》1988 年第 12 期，第 52 页。

三、物权行为的构成要件——与公示方法的关系

有关物权行为的构成要件问题与以意思主义和形式主义为代表的公示论问题以及作为法律行为的物权行为,除意思表示之外,是否能将事实行为作为其构成要素的相关问题。公示论事实上作为立法性问题,韩国民法在立法上已经明确地选择了形式主义,因此,并不存在与此相关的争论。所以,这里将考察持续作为争论对象的物权行为的构成要件问题。

关于物权行为的构成要件,学说上的争论主要集中于,物权行为作为法律行为,除意思表示之外,事实行为能否作为其构成要件的问题。对此,在韩国民法界上主要存在三种学说。

(一)相关学说

1. 物权行为成立要件学说

物权行为成立要件学说认为,物权的意思表示与公示方法互相结合,构成能够产生物权变动法律效果的物权行为。[1] 该学说认为,在采取形式主义的现行民法中,仅依靠物权的合意无法发生物权行为,必须还要具备登记等公示方法。物权的意思表示与公示方法既是物权行为的成立要件,又是效力要件。换句话说,物权行为是一种直接产生物权变动的效果,因而不遗留履行问题的处分行为。因此,在选择形式主义的法律体系中,除了物权的意思之外,还必须附加公示方法才可以构成作为处分行为的物权行为。最终,依据该学说,为了发生物权变动效果,必须具备作为意思要件的物权的意思表示,以及

---

[1] [韩]姜台星:《物权法》,大明出版社2004年版,第113页;[韩]李瑛俊:《物权法》,博英社2009年版,第66页。

作为表示行为的公示方法,所以,物权行为将物权的意思表示与公示方法作为其要件。[1]

同时,"虽然拍卖受到国家机关的执行官介入,但拍卖也作为私法上买卖的一种,同样,除了作为法律行为的物权行为与意思表示之外,也可以将作为法律事实的国家行为作为其构成要件",[2]此外,"在法人设立上,主管部门的许可在法人设立行为中,除作为意思表示的制定章程以外,还需要作为法律行为构成要件的事实行为。考虑到这一点,如果登记、让渡无法成为物权行为的构成要素的话,就是不均衡的"。[3]因此,可以说,法律行为除了意思表示以外,也可以以其他事实行为作为构成要件,并且,登记、让渡也可以成为物权行为的成立要件。

2. 物权行为效力要件学说

物权行为效力要件学说认为,物权行为仅靠物权的意思表示就可以成立,只是,如果不具备公示方法,则无法发生作为物权行为效力的物权变动。[4]这种学说以法律行为构成要件分为成立要件和效力要件为前提,将物权行为要件分为成立要件及效力要件,将物权的合意理解为成立要件,将公示方法理解为效力发生要件。

该学说认为,《韩国民法典》第186条和第188条所规定

---

[1] [韩]池元林:《民法讲义》,弘文社2005年版,第387页。
[2] [韩]姜台星:《物权法》,大明出版社2004年版,第112页。
[3] [韩]李瑛俊:《物权法》,博英社2009年版,第86页。
[4] [韩]金曾汉、金学东:《物权法》,博英社1997年版,第47页;[韩]金基宣:《韩国物权法》,法文社1985年版,第69页;[韩]金容汉:《物权法论》,博英社1985年版,第76页。

第五章　关于韩国民法中物权行为的讨论

的不动产物权变动的得失变更与动产物权的让渡，通过登记与让渡来产生"效力"，这一内容体现了作为公示方法的登记与让渡并非物权行为的成立要件而是效力要件。[1]

同时，该学说认为，在现实的物权交易中，合意与登记可以存在时间差，因此，如果在达成合意之后进行登记之前，合意上存在瑕疵，那么即使在登记之前，应该也可以主张交易无效或要求取消交易。但是，因为在物权行为不成立的情况下，无效、取消无法成立，所以为了解决这种问题，应把公示方法从物权行为的成立要件中排除，将其看作物权行为的效力要件。

此外，他们还认为，只有当成立要件与效力要件构成物权行为时，物权的期待权才可以被承认。随着韩国民法开始使用登记成立要件主义，在探讨现实中发生的因未登记而实际权利者的法律权益保护问题过程中，德国法上物权的期待权受到了讨论。[2]物权的期待权是指，成立债权关系之后，进行物权的合意者在完成物权变动之前，具有的相对于债权人而言对标的物更强的权利。为了承认这种物权的期待权，在成立债权与物权变动之间，需要一种成立物权的期待权标准，这个标准就是物权的合意。

对此，这种学说解释称，物权行为作为不遗留履行问题的处分行为，将物权的合意作为其成立要件，产生物权性期待权，并把公示方法作为效力要件，产生物权变动效果，并通过这种解释，来对物权的期待权与物权行为之间的关系作整体说明。

---

[1]　[韩]金基宣：《韩国物权法》，法文社1985年版，第69页。
[2]　朴常赫："物权的期待权的前提条件与其实益——以韩国民法为中心"，载《河北法学》2014年第10期，第139页。

3. 特别要件学说

特别要件学说认为，公示方法既不是成立要件也不是效力要件，它与物权行为相互独立而作为法律要求的要件。仅靠物权行为则无法发生物权变动，只有物权行为与公示方法各自作为一种独立的存在互相结合，才可以发生物权变动。[1]

这种学说认为，登记是一种公法上的国家行为（非表现行为），由于公法上的国家行为不能成为私法上物权行为的要件，并且对这种非表现行为，无法适用关于契约或法律行为的民法规定，所以，将作为公示方法的登记或让渡解释为作为物权行为的构成要件是不合适的。[2] 同时，对于通过法律行为的物权变动，是使其只能依靠物权行为才能发生，或是必须具有其他要件（公示方法）才可以发生，这种问题仅仅是立法政策的问题。因此登记与让渡这种公示方法并非物权行为的形式、证明、公证，而是法律所需要的具有和物权行为同样的价值并且与物权行为相独立的物权变动的特别要件。[3]

4. 判例

虽然还未提及有关物权行为构成要件这一本质性、根本性的问题，但是关于动产让渡行为，则表现出以下立场：

民法第249条规定的诚意、无过失的基准时间点是指物权行为完成时间。如果物权的合意是在动产的让渡之前进行的，

---

[1] [韩] 郭润值：《物权法》，博英社2006年版，第38~40页；[韩] 李相泰：《物权法》，法源社2007年版，第50页；[韩] 李银荣：《物权法》，博英社2007年版，第132页。

[2] [韩] 李相泰：《物权法》，法源社2007年版，第49页。

[3] [韩] 郭润值：《物权法》，博英社2006年版，第39~40页。

第五章　关于韩国民法中物权行为的讨论

那么就应该以让渡时间为基准；若是动产让渡事先进行，那么就应该以物权的合意完成时间为基准。[1]

通过这样的判例可以看出，韩国最高法院从根本上承认物权行为概念，并且采取成立要件学说，即把物权的合意与公示方法作为其构成要件。

(二) 有关相对立见解的探讨

成立要件学说将登记这一公示方法作为物权行为的构成要件，只有登记之后，物权行为才可以完成。由此，成立要件学说是与处分行为未遗留履行问题的法律行为这个意义最一致的见解。但是，若将登记也作为有关不动产物权行为的构成要件的话，那么国家机关的登记官也会成为物权行为的主体，由此，买卖等将会成为出卖人、买受人以及登记官三者之间的法律行为。同时，若将登记作为构成要件之一，物权行为最终也会变为要式行为，因为在韩国民法体系中，在不动产所有权转移上，并未有像德国民法上不动产所有权让渡合意（auflassung）一样的要式行为规定，所以就韩国民法体系而言，这种解释是一种不合理的解释。

从物权的合意就是物权行为本身这一点来看，效力要件说与特别要件说是相同的。因为这一点，在登记形式主义的法界中，仅靠物权的合意无法产生物权变动这一点受到指责，并且，存在仅靠物权的合意形成的物权行为不能属于不遗留履行问题的处分行为这一批判性学说。在效力要件学说中，通过法律行为的成立要件与效力要件之间的区别来对物权行为构成进

---

[1] 韩国大判 1991.3.22, 91 다 70。

行的解释，而且这种概念区分的框架适用于物权的意思与公示方法，这一点与这种概念框架的目的是相违背的。因为这两种概念进行区分是为了当已成立的物权行为因例外变为无效时，可以就原则与这种例外关系作为解释。

特别要件学说认为，公示方法是除物权行为以外，还受到法律要求的物权变动的另一要件的约束，并且，与效力要件学说一样，认为仅以物权的意思可以构成物权行为，由此，也与效力要件学说同样，在对物权的处分行为未作出明确解释这一点上也受到批判。

综合以上学说可以发现，在有关物权行为与物权合意的关系见解上存在分歧。效力要件学说与特别要件学说将物权合意看作物权行为，而与此相反，成立要件学说则将物权合意与公示方法的结合看作是物权行为。从而，两阵营之间的争论点其实就在于物权行为是否具有处分行为的特征这一问题。也就是说，在采取形式主义的情况下，只有通过公示方法才能发生物权变动，那么物权行为就必须在公示方法之后才能发生效力，因此，能否将公示方法包含于物权行为的问题使两者之间意见上发生差异。

笔者认为，针对这个问题需要对不动产与动产进行区分后再考虑。动产的公示方法是让渡。一般来说，物权的意思表示是与让渡同时进行的，因此对它们的区分并不容易，虽然此后这个问题再次引起了对物权行为独立性问题的争论，但至少在物权行为的构成要件问题上，物权的合意与作为公示方法的让渡构成物权行为这种解释不存在任何的问题。而且，即使物权的合意与让渡之间存在时间差，但该让渡与不动产所有权转移的情况不同，它只是在私法上的两个当事人之间进行的，所以

第五章 关于韩国民法中物权行为的讨论

不存在不动产登记机关介入的问题。并且，在动产所有权转移的物权行为方面，成立要件主义还可以保持着物权行为是处分行为这一特征，[1]所以，成立要件主义是正确的。

但是，不动产的公示方法是具有公法特征的登记。这种登记到底能否成为民法上作为法律行为的物权行为的成立要件，这是首要问题。对此，成立要件学说认为，拍卖虽然有国家机关执行官的介入，但还是把拍卖看作私法上买卖的一种，并且，在法人成立方面，法人成立行为中，主管部门的许可是除了作为意思表示的制定章程以外的，成立法律行为构成要件的事实行为，因此，除了作为法律行为的物权行为和意思表示之外，也可以将作为法律事实的国家行为作为其构成要件。

但若从学说史观点来看，登记是一种通过公示保护不动产真正权利者以及相关利益关系者之间的法律权益而实行的制度，这种公益性就是其设立的目的。就连将个人意思看作私法上最重要要素的法国民法也最终将登记作为对抗要件的形式编入法律体系，根据这事实我们能认为，登记制度就是在自由经济社会体系中，为了满足经济要求以及保护信用不得不选择的一种制度。因此，登记制度并不能作为一种有关某种不动产物权权利变动的伦理性、法理性的问题来探讨，而应该从该制度功能、立法上的功能层面进行探讨。然而，这种将关于物权行为的构成要件的论争主要集中于如何继续保持物权行为作为处分行为的性质，从而使登记与物权行为相联系的论争，事实上是没有意义的。特别是当萨维尼提出他的物权行为概念时，他

---

[1] 在有关动产的所有权保留买卖中，存在着以成立要件学说（即动产被让渡之后，是否所有权也被转移）为基础的担保物权学说与以效力要件学说为基础的物权的期待权学说。

坚决强调物权行为的意思要素，对他而言，物权行为的核心就是所有权转移中当事人意思的一致。因此，至少可以说，物权行为的核心就是转移标的物的意思一致，即物权的合意。对于这种意思而言，因为德国民法已经规定了作为要式行为不动产所有权让渡合意制度，所以该意思可以通过该制度对外表示出来。同时，再次要求以登记作为公示方法。虽然在德国也就物权行为与登记之间关系展开过许多争论，但至少可以明确地说，物权行为是通过要式行为不动产所有权让渡合意来完成的。但是，在从不具有这种要式行为制度的韩国民法中，如果为了寻找与德国民法中的不动产所有权让渡合意相同的物权行为的外在表示，就强制将登记这种公示方法规定为物权行为的构成要件，这种见解不管从德国民法的解释论，还是从物权行为的学说史观点的角度来看，都是不合理的见解。

因此，对于不动产物权变动而言，可以认为登记既不是物权行为的成立要件，也不是其效力要件，物权行为仅依靠物权的合意就可以成立，但登记作为法律要求的要件，仅靠物权行为则无法发生物权变动。物权行为与公示方法各自作为互相独立的存在，只有在结合的情况，才能发生物权变动。也就是说，可以认为特别要件说是最合理的，登记制度因为其自身功能的重要性，应当被看作法律特别规定的与效力有关的要件。

第四节 物权行为与债权行为的关系论

一、物权行为独立性

（一）物权行为独立性问题

在韩国民法中，对于物权行为的独立性存在两个立场，因

第五章 关于韩国民法中物权行为的讨论

此而产生的论争也在这两个立场中进行。

第一种立场就是把在物权变动过程中是否存在相对于债权行为独立的作为独立性概念的物权行为看作物权行为独立性问题的观点。根据这种观点，承认物权行为的独立性就意味着在依靠法律行为的物权变动过程中存在物权行为，[1]不承认物权行为的独立性就意味着在物权变动过程中不存在物权行为。[2]

第二种立场是在以承认与债权行为相独立的物权行为概念作为基本前提下，将物权行为独立性问题理解为物权行为是否与作为原因行为的债权行为互相独立来进行的，还是同时进行的这种问题。由于大多数见解认为，在物权变动方面承认物权行为概念，所以第二种立场就是大多数人的立场。因而，承认物权行为独立性就是认定，作为原因行为的债权行为与物权行为独立进行，[3]而否认物权行为独立性就是认为，物权行为与债权行为是同时进行的。但是，在大多数见解中，独立性否定说主要作为批判独立性肯定说的见解，只对肯定说的部分情况进行了批判。[4]例如，当事人虽然约定物权行为与债权行为不在同一时间进行，但明确存在分别进行物权行为与债权行为意思表示的情况，或者如同所有权放弃、[5]承役地的所有

---

[1] [韩] 金曾汉、金学东：《物权法》，博英社1997年版，第43页。

[2] [韩] 郑照根："물권행위의 독립성 부인론"，载《高式界》1988年12月版，第52页；[韩] 明淳龟："이제는 물권행위와 작별을 하자"，载《高丽法学》2007年第49卷，第272页。

[3] [韩] 姜台星："물권행위 무인성 인정과 부가 문제되는 경우"，载《财产法研究》2009年第1期，第81~82页。

[4] [韩] 赵明来："물권변동의 법리에 관한 연구"，东国大学2000年博士学位论文，第28页。

[5]《韩国民法典》第186条 [不动产物权变动的效力]："由于与不动产有关的物权行为发生的物权得失变更，只有进行登记才能产生效力。"

者委弃[1]等不存在债权行为、仅存在物权行为的情况，否定说还是承认物权行为的独立性。因此，韩国民法上有关物权行为独立性的争论，其内容主要是独立性肯定说以及批判肯定说根据的否定说。

（二）物权行为独立性肯定说的根据及其否定说

1. 韩国民法的体系[2]与立法规定

韩国民法作为潘德克顿体系，对债权与物权分别进行了规定。根据这种体系将法律行为划分为债权行为与物权行为。在这种体系的基础上，《韩国民法典》第3篇债权部分第563条规定，在买卖中，一方当事人约定将财产权转移给另一方时，另一方将就支付金额作出约定，进而产生效力。从而，买卖契约规定，双方当事人就财产权转移与代金转移进行约定，从而产生效力。此外，第568条规定，出卖人要向买受人转移作为买卖目的的权利，从而通过债权行为再次规定了具有效力的买卖契约的履行义务。根据以上规定，在债权篇中，仅规定了通过债权行为产生的债权效力，即其履行义务，但对于其履行则未作出规定。如果这种债权的履行，将不动产物权的得失变更与动产的让渡当作内容，按照法典的体系就必须根据物权篇的第186条与第188条来进行。这种韩国民法体系关系显示，在

---

[1] 《韩国民法典》第299条［基于委弃的负担免除］："如果承役地的所有者，委弃土地使用权的必要部分——土地所有权时，则可以免除前条规定的负担。（承役地所有者义务：为行使土地使用权利，需要用自己的费用来承担的配置农作物或修缮的义务）：这里的委弃是指，把土地所有权转移给土地使用者的一方的意思表示。"

[2] 因为韩国民法的目的是区分物权与债权，因此，承认单纯以发生债权为目的的债权行为，以及以物权变动为目的的物权行为，是与民法体系相吻合的。参见［韩］金曾汉、金学东：《物权法》，博英社1997年版，第44页。

第五章　关于韩国民法中物权行为的讨论

韩国民法体系上，物权变动中的债权行为和物权行为相互独立。

同时，《韩国民法典》第375条（种类物买卖）承认债权行为的标的物并不特定的种类债权，第569条（他人权利买卖）也承认债权行为成立时，标的物不属于债务人的他人所有物的买卖契约。上述规定是关于不特定的标的物和承认不具有处分权者的债权行为的规定。若考虑作为物权行为要件的标的物的特定性和行为者的资格，该规定则说明了债权行为与物权行为是一对绝对无法同时成立的、相互独立的概念。[1]

否定说对这种肯定说的根据进行批判的理由如下：

从比较法的观点来说，不具备潘德克顿体系的法国民法虽然也对物权与债权进行区分，但是也仍未采用区分物权行为与债权行为的分离原则，并且，以一种权利形态来区分债权、物权与取得物权的法理属于不同层面，所以，并不能说严格区分债权、物权的问题与区分物权行为、债权行为的问题间存在必然的关联性。[2]

此外，因为韩国民法采取的是成文法主义，所以对于物权行为的独立性问题，应该可以用法律规定来解释。但是在韩国民法中，对于包含独立性的物权行为并未作出相关规定，在这样的情况下，除了从立法论层面对其进行讨论之外，从既存的

---

[1] [韩] 洪性载："不动产物权变动论的再定立"，载《民事法学》2008年第2期，第374页。

[2] [韩] 明淳龟："이제는 물권행위와 작별을 하자"，载《高丽法学》2007年第49卷，第273页。

不包括物权行为和物权行为独立性的法规中,通过解释论来导出新概念的行为也是不正当的。[1]即使解释论上也承认物权行为,但将第 186 条与第 188 条的"法律行为"与"让渡"解释为"物权行为",并以此为根据承认物权行为与债权行为独立性的问题也是一大逻辑飞跃。同时,在采取登记成立要件主义的情况下,也不能将第 186 条的法律行为与第 188 条的让渡看作是物权行为,而是要将它们看作是包含物权的合意的债权行为。[2]

2. 承认无因性的前提

在韩国民法中,由于并未对物权行为方式作出相关规定(非要式主义),因而无法明确物权行为的时间。同时,登记簿上的登记原本也包括买卖、赠与等以债权行为成立的契约,因而也无法具备能够确定物权行为客观性存在的标准。即使在这种情况下,依旧通过解释论来承认物权行为概念,这就是为了满足现实性、实务性的需要。然而,倘若无法满足这种现实需要,那这种讨论不过是一种讲学上的讨论。

韩国民法并不承认不动产登记的公信力。[3]当进行交易时,一一调查对方是否为真正的权利所有者,这种期待是不现实的。一般情况下,交易主要还是依靠对权利外观的信赖进行,因此,为了保护对权利外观保持信赖的当事人,则需要一

---

[1] [韩] 高翔龙:《物权法》,法文社 2006 年版,第 71~72 页。

[2] [韩] 高翔龙:《物权法》,法文社 2006 年版,第 71~72 页。

[3] 因为韩国民法上不存在有关承认登记公信力的明文规定,因此,在无法承认不动产登记的公信力方面,学说和判例的立场是一致的。参见 [韩] 崔主铉:"부동산등기의公信力에关한小考",载《政治论丛》1992 年第 27 卷,第 192 页;韩国大判 1964..5.19 63 다 793;韩国大判 1969.6.10 68 다 199。

第五章 关于韩国民法中物权行为的讨论

种可以确保交易安全的制度。该制度就是根据公信原则的公信力认定。但是，在韩国民法上，不动产登记不具有公信力，因此，在确保不动产交易安全性方面，还具有空缺。为了弥补这个空缺，同时确保交易的安全性，学界上大多学说认为，应该承认物权行为的无因性作为解决该问题的方法，而承认物权行为无因性的前提则是存在与债权行为相独立的物权行为。因此，肯定论主张，为了解决现实的法律上的空缺性问题，需要承认物权行为的无因性，为此要承认物权行为的独立性，来作为承认物权行为无因性的前提条件。[1]

对于以此作为根据的肯定说，否定说批判如下：

独立性是以物权行为的独立性为前提，通过无因论来解决现行法规上保护交易稳定的空白方面的见解，否定说主张，在通过无因性的现行法体系中，已经充分具备了代替它的相关规定，所以，代替不动产登记的公信力，承认物权行为的无因性以及作为其根据的独立性，并没有实际意义。为了确保交易的安全性，韩国民法已经存在无效或者取消效力限制的规定，而且在无效或取消时，也已具备了保护善意的第三者、[2]对解除的溯及力限制[3]以及保护对方等相关规定。[4]此外，若按照有因论，通过保护善意的第三者规定，仅仅具有善意的第三者可以得到保护；但若按照无因论，那么除善意的第三者之外，连恶意的第三者也会受到保护，因此，强行以保护交易安

---

[1] [韩] 金容汉：《财产法的课题与判例》，博英社1996年版，第41页。
[2] 《韩国民法典》第107条第2款；第108条第2款；第109条第2款；第110条第3款
[3] 《韩国民法典》第548条第1款但书
[4] 《韩国民法典》第15条；第17条；第145条

全的现实理由,以承认无因性为前提,来承认物权行为的独立性,是不具有实际价值的,因为现行立法已经做了充分的保护规定。[1]

3. 交易惯例

一般来说,在韩国的不动产买卖过程中,在买卖契约之后,买受人支付中期款与余款,出卖人则在买受人支付余款时,将申请转移登记所需的登记材料交付给买受人。此后,买受人用该材料首先进行登记申请,然后办理登记。

在这种一般惯例中,买卖当事人并不认为只要签订契约就完成所有权转移,而是在支付买卖代金和转交登记材料、申请所有权转移登记时,买受人与出卖人才具有对所有权转移的意识。[2]此时,可以认为买受人与出卖人之间存在一种所有权转移的意思,而且可以认为存在以所有权转移为目的的物权行为。[3]

按照物权行为独立性肯定说,从不存在物权行为独立性规定的韩国民法中,根据上述惯例,也可以证明物权行为的存在。这时,债权行为之后进行的其他行为就是具有所有权转移意思的物权行为,在程序上与债权行为互相独立,从而具有独立性。

与此相关的否定说如下:

一般人认为不动产转移只需要根据买卖契约与登记就可以完成交易,并不能认识到在买卖契约与登记之间还存在物权行

---

[1] [韩]赵明来:"물권변동의 법리에 관한 연구",东国大学 2000 年博士学位论文,第 28 页。

[2] [韩]金曾汉、金学东:《物权法》,博英社 1997 年版,第 53 页。

[3] [韩]金容汉:《财产法的课题与判例》,博英社 1996 年版,第 40 页。

第五章 关于韩国民法中物权行为的讨论

为。[1]并且,在成立要件主义下,不通过公示方法,仅依靠物权的合意无法产生物权变动。交付登记材料或让渡标的物就是为了通过法律所规定的公示方法来发生物权变动效果。但是,相比把这种作为登记准备的交易惯例行为看作是缺乏法律规定的物权的合意,直接认为物权的合意是在债权行为进行时与债权行为一起完成的,这样的见解更具合理性并接近当事人意图。

(三) 判例

韩国的判例对于物权行为的独立性,并未表现出明确的态度。因此,对于这种判例的态度,出现了肯定说看法的立场与否定说看法的立场的对立情形。

判例称:"在还未支付所约定的买卖代金或者买卖代金完全支付之前的所有权转移登记约定不存在时,以材料伪造等方法来进行的以买受人名义的所有权转移登记,是明显与出卖人意思相违背的,从而也就不存在任何理由或根据来说与实际权利关系相吻合。"[2]对于该判例,肯定说认为,如果说债权行为与物权行为是相互结合,并不存在独立性的话,那么在进行债权行为时,物权行为也一起进行,因此,如果债权行为是有效的,那么这种根据跟债权同时、一起存在的物权的合意(物权行为)而进行的登记应该与实际关系相吻合。判例称,违背出卖人意思来进行的所有权转移登记,不符合实际权利关系,债权行为与物权行为并非同时发生,从而,这种判例的态

---

[1] [韩] 郭润值:《物权法》,博英社 2006 年版,第 38~40 页。
[2] 韩国大判 1985.4.9 선고 84 다 카 130, 131;韩国大判 1994.6.28. 宣告 93 다 55777。

度可以说就是承认物权行为的独立性。

与此相反,否定说则认为下述案例的立场是否定物权行为的独立性。判例内容如下:

> 按照民法第 548 条第 1 款规定,如果契约解除,那么每个当事人则负担使对方恢复到契约之前状态的义务。在按照契约已进行登记或让渡的情况下,如果因为解除作为原因行为的债权契约而使一切恢复原状,则出现了两种对立的见解。第一是债权的效果说,即虽然已经解除,但履行行为自身依旧保留效力,只是产生返还支付、恢复原状的债权、债务关系。第二是物权的效果说,即即使已经完成履行行为并且已通过登记、让渡完成物权变动,但是如果作为原因行为的债权契约解除,那么当然转移的物权也应当回归。韩国的法制不承认物权行为的独立性和无因性,并且民法第 548 条第 1 款但书就是为了保护交易安全的特别规定,考虑到这两点,如果解除契约,那么通过履行契约来发生变动的物权,也当然应当恢复到原状,这样的看法是十分妥当的。[1]

该判例判决"如果解除契约,那么通过履行契约来发生变动的物权,也当然应当恢复到原状"。按照该判例判决,可以认为该判例实际上否定了物权行为的独立性。[2]

(四) 对于物权行为独立性的探讨

在韩国民法中,物权行为的独立性既作为物权行为无因性的有关论争的前提,又作为承认无因性的根据受到讨论。在物

---

〔1〕 韩国大判 1977.5.24. 宣告 75 다 1394。
〔2〕 [韩] 姜台星:《物权法》,大明出版社 2004 年版,第 112 页。

第五章　关于韩国民法中物权行为的讨论

权变动中,物权行为与债权行为履行没有明显的时间隔离而同时进行的情况频繁发生,而且也存在不具有债权行为,仅依靠物权行为发生物权变动的情况,考虑到这些,事实上,既然已经承认从债权行为中独立出来的物权行为概念,却依旧对于这些行为的履行是否是同一时间点进行论争,其本身是没有任何意义的。首先,仅依靠物权行为就可以产生物权变动,则意味着存在一种与债权行为相独立的物权行为。这种物权行为与债权行为同时进行,虽然外在表现的形式是债权行为,但实际上也存在物权行为。韩国民法中,虽不具备关于物权行为的明确立法、惯例,但依旧承认物权行为。其次,以物权行为与债权行为同时进行,并以债权行为的形式表现出来为由否认物权行为的独立性,这是相互矛盾的。

同时,物权行为独立性本身就是作为无因性、有因性论争的前提。为了承认无因性,首先物权行为必须与债权行为互相独立而存在,然后才可以追究债权行为与物权行为之间是否存在无因性的问题。但是,作为无因性的前提条件的独立性问题,却倒置了作为无因性的根据问题,也就是在不存在物权行为外在表现的情况,特别是在现实买卖中,债权行为与物权行为同时进行的情况下,债权行为的瑕疵能否对已经进行的物权行为产生影响的问题。因为债权行为与物权行为同时发生,所以债权行为的瑕疵将会对物权行为产生影响,通过这种解释来首先对物权行为的独立性进行否定,进而以此作为否定无因性的根据,这种解释如果考虑物权行为独自论和无因论的关系,就是不正确的。

也就是说,对物权行为而言,即使从时间上来说是与债权行为同时进行的,但如果承认物权行为的话,就应该认为物权行为与债权行为是相互独立的,只是两个行为在时间上同时发生而已。因此,既然承认物权行为,就应当承认物权行为的独立性,同时,应在这个限度内对无因性与有因性问题进行讨论。

二、物权行为无因性

韩国民法上的无因性就是指德国民法中抽象性原则的外在抽象性。正如前面所说,外在抽象原则是指,在根据分离原则对负担行为与处分行为进行分离的基础上,断绝它们之间效力的相互关联性的原则。在韩国民法学界,就承认这种外在抽象性对补充韩国民法的规定有用与否展开了论争。坚持在不承认不动产公信力的韩国民法中,作为一种保护交易安全的方法,要承认物权行为的无因性的这种主张的无因论,并且重视对权利者的保护,同时主张即使不承认无因论,仅靠现存的规定也可以充分保证交易安全包含有因论在内的无因性否定论相互对立。在韩国民法中展开的物权行为无因性的争论,相比理论层面而言,主要还是以法律权益保护这一法律实际性目的以及相关的民法规定解释问题为中心来展开的。

(一)物权行为无因论与其否定论的一般见解差异

韩国民法上展开的有关物权行为无因论的争论主要是分为无因论与其否定论来进行的。无因论的否定论再次分为有因论立场以及除去了无因、有因论而依靠现存法律规定的解释论。针对韩国民法中展开的这种对立的见解,笔者将通过以下事例,来对其法律构成分别进行比较分析:

限止治产人出卖人签订了将自己的不动产出卖给买受人的

第五章 关于韩国民法中物权行为的讨论

买卖契约。此后,当出卖人恢复行为能力之后,从买受人方取得余额同时交付所有权转移登记材料,然后买受人进行了登记办理。此后,买受人再次将标的物出卖给转得者,也办理了登记。但是,此后,出卖人以签订履行买卖契约时,自己不具备行为能力为由,作出取消契约的意思表示。

在这个案件中,对于出卖人、买受人和转得者之间的权利关系,无因论和其否定论分别采取了不同的立场。

1. 无因论的立场

通过断绝物权行为效力与作为原因行为的债权行为的效力之间的联系,来使交易更简便、安全进行,这是无因论的根本目的。若按照有因论,在出卖人并非真正权利者时,受让人不可取得所有权,因此,能够导致交易安全受到威胁。无因性肯定说认为,从这一层面来看,可以说无因论就交易安全性而言是一种比较合适的法律。根据这种无因性,即使由于无效、取消、解除等原因,原因行为的债权行为失去效力,履行行为的物权行为还是有效的,同时,如果买受人根据有效的物权行为办理登记的话,该登记仍然有效,而且买受人取得有效的所有权。但是,因为无效、取消和解除,债权行为失去效力,出卖人以此为由,通过《韩国民法典》第741条[1]规定的不当利益返还请求,可以对买受人提出不动产所有权返还请求。在注销买受人名义登记和转移登记之前,如果买受人已经将标的物的所有权再次转移给第三者并办完登记的话,转得者则成为标

---

[1] 《韩国民法典》第741条 [不当得利的内容]:"缺乏法律上的原因,依靠他人财产或劳务来获得利益,而他人却因此受到损失的情况,则需要返还之前所获利益。"

的物的所有者,出卖人对转得者无法提出返还请求。并且,此时不考虑转得者的善意,只是根据对于保护善意的第三者的规定的相反解释来添加不保护恶意的第三者的相关解释。[1]

对于以上案例,无因论认为,即使债权契约被取消,已经成立的所有权转移的物权行为也不会失去效力,因此,所有权经过买受人,最终被转移到转得人手中。因此,按照无因论的法理构成,可以看出,与其说其目的是保护失权者的法律利益,不如说是保证交易的安全性。

2. 有因论立场

与此相反,若按照有因论,由于物权行为受到债权行为的影响,如果原因行为的债权行为无效、取消或者解除,物权行为就失去效力而被认为自始就不存在物权变动。由此,在出卖人与买受人的关系上,即使出卖人没有注销买受人名义登记,物权应当归属于出卖人。这时,与从买受人取得标的物的第三者之间的法律关系则成为问题。这一点就是无因论提出的在有因论中发生交易安全的问题,对此,有因论通过民法第109条[2]第2款和第110条第3款[3]来解决了这种交易安全问题,据此,有因论认为无因论的主张不存在任何根据,并对无

---

[1] [韩]郑玉泰:"物权行为의无因论",载《高式研究》1991年第8期,第120页。

[2] 《韩国民法典》第109条[基于错误而做出的意思表示]:"①在法律行为的重要内容部分存在错误的情况,可以取消意思表示。但是,如果错误是因为表意者的重大过失而产生的,那么则无法取消意思表示。②前一款的取消意思表示无法对抗第三者。"

[3] 《韩国民法典》第110条[因为欺骗,强迫而做出的意思表示]:"①基于欺骗或强迫的意思表示,则可以取消。②关于对方的意思表示,当第三者是为了欺骗或强迫,并且对方这时知道或可能知道这一事实,仅在这种情况下,才可以取消意思表示。③第2款的意思表示取消,无法对善意的第三者产生对抗。"

第五章 关于韩国民法中物权行为的讨论

因论的主张进行了反驳。

《韩国民法典》第 109 条第 2 款和第 110 条第 3 款明确规定了,取消意思表示,对于善意的第三者无法产生对抗,在因取消债权行为的注销登记之前,不知道事先存在其取消的意思表示,并相信相关债权存在而进行交易的善意的第三者应当受到保护。同时,在债权行为无效的情形下,《韩国民法典》第 107 条第 2 款、[1]第 108 条第 2 款[2]规定,无效对善意的第三者无法产生对抗,同样也保护善意的第三者。对于解除而言,在契约解除发生时,根据有因论,即使已经通过登记而完成不动产物权变动,所有权还是归于出卖人。按照《韩国民法典》第 548 条第 1 款但书[3]规定,解除无法对第三者权利产生不利,同样也是对善意的第三者做出保护。因此,即使是按照有因论,但因为立法上已经明确规定保护善意的第三者,所以,不仅是实权者,连第三者的保护、交易安全也都可以得到保障。

如果对有因论的立场再次进行整理,可发现有因论的观点是,在债权行为无效、取消或者解除的情况下,原则上,物权行为的所有权转移会受到债权行为影响而失去效力,出卖人可

---

[1] 《韩国民法典》第 107 条[非真正意图的意思表示]:"①即使表意者知道意思表示并非真意,此时的意思表示也是具有效力的。但是,如果对方知道或可能知道表意者的意思表示并非真意,那么该意思表示则无效。②前项的意思表示无效无法对抗善意的第三者。"

[2] 《韩国民法典》第 108 条[特定虚伪的意思表示]:"①配合对方进行特定虚伪的意思表示无效。②前款的意思表示无效无法对抗善意的第三者。"

[3] 《韩国民法典》第 548 条[解除的效果,原状恢复义务]:"①当一方当事人解除契约时,则对对方具有恢复原状的义务。但是,无法对第三者造成危害。②前项的情况,如果是返还金钱,需要从取得金钱日起计算利息。"

以基于所有权的物权请求权向买受人行使标的物返还请求并要求注销登记。并且，在标的物已经被转让给第三者并已经办理登记的情况下，出卖人也同样可以根据物权请求权向第三者请求标的物的返还以及第三者为名义的所有权登记的注销，同时，根据保护善意第三者的相关规定，也保护了第三者，进而达到了无因论所追求的保护交易安全的目的。

根据有因论来分析上述事例，倘若出卖人以无行为能力为由取消债权行为，出卖人与买受人之间的物权行为也变为无效，因此，买受人名义的所有权登记就成为原因无效的登记，并且，即使买受人不进行注销登记，登记簿上依旧以买受人作为登记名义者，所有权也将归属于出卖人。此外，即使买受人向转得者进行所有权转移而办登记，出卖人依旧可以根据物权请求权请求转得者注销登记。同时，在转得者向出卖人返还标的物所有权，从而丧失所有权的情况下，转得者可以按照《韩国民法典》第741条不当得利返还请求权对买受人请求返还买卖代金。向出卖人返还所有权的买受人也可以根据不当得利请求权来返还其代金。只是，倘若转得者为善意的第三者，出卖人则无法对第三者产生对抗，所有权依旧归属于转得者。

3. 无因论、有因性不必要性的立场

综合上述案例，无因论与有因论见解的对立是在债权行为具有某种瑕疵的情况下出现的。在韩国民法总则中规定，如果以错误、欺骗和强迫方式或者以违反良俗或其他社会秩序为目的形成债权，这种债权无效或者可以被取消。因此，根据法律规定，在债权无效或是被取消的情况，出现了有关债权行为的履行行为，即物权行为的效力的问题。

对此，也有见解认为，物权行为作为法律行为，可以根据

第五章　关于韩国民法中物权行为的讨论

在韩国民法总则的法律行为中的意思能力规定、关于错误、欺骗和强迫以及反社会、不公正的法律行为的规定而无效、取消,因此,对于由债权行为的无效、取消导致的物权行为的无效、取消问题,并不存在争论的余地。这种见解,是以债权行为与物权行为在大多数情况是作为一个行为来进行为基础的,行为意思能力不在以及错误、欺骗、强迫等不仅仅能够对债权行为,对于物权行为也可以产生影响,因此,物权行为也根据这些规定,与债权行为同时效力无效或取消。由此,债权行为与物权行为之间的无因性问题根本不存在追究余地。

在买卖契约存在意思无能力、错误、欺骗、强迫等,并且所有权转移,即物权行为已经履行的情况,如果债权行为瑕疵被除去,按照《韩国民法典》第139条买卖契约的追认规定,只要满足追认条件,债权行为的瑕疵就会被追认为已经完善,并且对物权行为效力不产生任何影响。在这种情况下,物权契约的效力保持是根据立法规定直接发生的,所以与是否承认无因性不具有任何关联。[1]

如果债权行为属于《韩国民法典》第103条和第104条中所规定的反社会、不公正的法律行为的话,物权行为依旧作为法律行为,所以按照规定就是无效的。[2]因此,这种情况也是,债权行为与物权行为按照法律直接规定全部变为无效,也不存在追究它们之间无因性与否的余地。但是,对于这种见

---

〔1〕 买卖契约因意思无能力是无效的,但即使这样,在不知道债权行为无效而做出物权的意思表示的情况,若按照《韩国民法典》第139条,是无法进行追诉的,因此,在这样的情况下,也有见解认为物权行为的无因性与否成为问题。参见[韩]姜台星:"物权行为无因性认定与否가问题되는 경우",载《财产法研究》2009年第1期,第88~89页

〔2〕 [韩]张庚鹤:《物权法》,法文社1990年版,第182页。

解,也存在批判,即物权行为具有价值中立的特征,从而物权行为根据上述规定不能变为无效。[1]

若根据这种见解来对上述案例进行分析,出卖人在进行债权行为时的权利无能状态由于在进行物权行为时已经恢复,逐是在正常状态下进行物权行为的。所以,此时,根据《韩国民法典》第139条[2]无效行为的追认的规定,出卖人在债权行为时的取消要件消失,由此,不必考虑无因性问题,[3]买受人取得所有权,取得所有权的第三者也同样正常取得所有权。

(二) 判例

判例对于代物清偿判决,债务者在获得债权者许可,以不动产来进行代物清偿,代替原本的债务履行,但是,如果原本债务不存在的话,只要当事人不做特别的意思表示,那么代物清偿则无效,无法产生不动产所有权转移效果。[4]根据这个判例至少可以看出,判例并未承认物权行为的无因性。

之前的判例判定了,按照《韩国民法典》第548条第1项规定,如果契约被解除,那么每个当事人都有义务使对方恢复到契约之前状态。在为履行契约债务已经办理登记或进行让渡的情况下,对于因解除所产生的恢复原状的理论构成,所谓的债权性效果学说与物权性学说是对立的。韩国的法制不承认物权行为的独立性和无因性,同时,《韩国民法典》第548条第1

---

[1] [韩] 郭润值:《民法注解》(II),博英社1996年版,第224页。
[2] 《韩国民法典》第139条 [无效行为的追诉]:"无效的法律行为即使被追诉,也无法发生法律效力。但是,如果当事人得知其无效性然后进行追诉,那么则可以被看作是新的法律行为。"
[3] [韩] 李瑛俊:《物权法》,博英社2009年版,第80页。
[4] 韩国大判1991.11.12宣告91다9503。

第五章　关于韩国民法中物权行为的讨论

款但书就是为了保护交易安全的特殊规定，考虑到这些，如果契约被解除，那么通过履行契约来发生变动的物权，也当然应当恢复原状。[1]如果取消以欺骗的意思表示的法律行为，那么，根据取消的追溯效力则其行为从一开始就无效，并非取消时才是无效的。[2]因此，对于取消债权行为所产生的当然的恢复原状问题，并非通过有因说来解释，而是通过根据法律规定的追溯效力来对恢复原状进行讨论。

通过这些判例可以得出，判例不仅否认了物权行为的无因性，同时也并没有采取有因性的立场。虽然判例肯定了物权行为的概念，但对于物权行为与债权行为的效力关系，是按照立法规定来进行解释的，而不是按照有因论寻找其根据。因此，虽然说韩国的判例否认了无因论这一点是肯定的，但是也不能说确切说采取了有因论观点。

(三) 关于物权行无因论的探讨

《韩国民法典》中的无因性争论中心就是在于交易安全的确保。按照权威的见解，19世纪的德国民法不承认登记公信力，因此为了保证交易安全，就提出了无因性理论。[3]根据这种见解，在《韩国民法典》中提出的物权行为无因论，也是在不承认不动产公信力的韩国民法体系中，以寻找保障交易安全的办法为中心进行论争的，这一现象理所当然。但是，无因性并非确保交易安全的唯一手段，无因性作为《韩国民法典》规定解释论究竟是否具有实效性，对此持怀疑态度的批

---

[1] 韩国大判 1977.5.24.75 다 1394。
[2] 韩国大判 1975.12.23.75 다 533。
[3] [韩]尹皇地："物权行为的独自性与无因性"，载《同大论丛》1989年第1期，第443页。

判也不在少数。对此，笔者将从无因性沿革的观点，对无因性的制度性功能与其基本条件再次进行考察，同时，对这种理论在现行《韩国民法典》中发挥其目的究竟是否具备合适的条件来进行探讨。

从沿革来看，德国民法的无因论是在实务上具有导致交易迟延和交易不畅等弱点的登记实质审查主义被登记形式审查主义替代的过程中出现的。也就是说，以不动产所有权让渡合意来将登记过程中所要求的审查与当事人的债权关系进行严格分离。首先通过不动产所有权让渡合意过程，确保交易当事人之间的交易、相关内容的真实性、权力者保护以及交易安全，然后通过登记形式审查主义方式来确保实务的迅速性和交易的顺利进行。为这种实务性内容提供理论基础的就是无因性物权行为。也就是说，以萨维尼的无因性物权行为理论为基础，对以债权行为的债权契约和不动产所有权让渡合意，即物权契约进行分离，而且切断两者之间的效力关系，从而构成了无因性关系。

如此，从沿革的观点来看，现在德国民法中的不动产所有权让渡合意是作为物权行为理论中物权行为的象征性指标、确保交易安全的要式程序，也是作为保证登记迅速性的前提条件来设立的。无因性就是跟现实的制度不动产所有权让渡合意互相结合，从而脱离单纯的理论层次，开始具备法律实际性意义。

在《韩国民法典》中展开的关于物权行为无因性的争论核心是，为了确保交易安全，究竟是否有必要来承认无因性。否定无因性的见解认为，仅靠韩国民法上规定的各种法律，已经足够确保交易稳定，因此，对强行利用物权行为无因性理论

第五章　关于韩国民法中物权行为的讨论

来构成复杂的解释论的必要性存在怀疑。

　　与德国相同，《韩国民法典》的登记制度也采用一种形式主义审查制度。但是，在《韩国民法典》中不具备不动产所有权让渡合意过程。正如之前所讲，不动产所有权让渡合意的作用就是消除由登记形式主义导致的交易安全的危险和实权者法律利益的危险，考虑到这一点，《韩国民法典》并不具备这种安全系统，因此，发生交易安全问题以及实权者的法律利益危险问题只能越来越大。同时，登记形式主义审查制度，为了保证实效性，在登记审查之前必须确保有关登记材料的真实性，因而，即使不认定登记的公信力，也可以通过程序过程来确保完成基于实际权利的登记，不认定登记公信力也不产生权利者的保护和交易安全的保护的问题。韩国民法对于由于不认定不动产登记的公信力而出现的问题，试图通过无因性理论来解决。但是，韩国民法中不存在与德国民法中 auflassung 所具有同样功能的制度。因此，在适用无因论的过程中，通过恣意的解释来导出在韩国民法上未规定的制度，并试图以此来构建和德国相同的无因性理论，最终只能引起法律解释的复杂化。

　　实际上，现在《韩国民法典》对于债权行为的取消、无效、解除和因物权行为产生的物权变动方面的无因论及其反对论的结论大同小异，并且，有关交易安全的问题最终得到解决。在这种情况下，未对无因性理论的核心不动产所有权让渡合意作出规定的韩国民法，强制用无因性理论来保护交易安全的做法，仅仅引起了远离其实质性目的的、为了争论而进行的争论。最终，在通过立法上的完善，规定无因论的基本制度的要素不动产所有权让渡合意，同时将无因论作为韩国民法物权变动的基本原则之前，这种无因性的争论仍会进行下去。

结　论

　　韩国民法借鉴了德国民法，对于物权变动采用形式主义，规定必须依靠登记和让渡才能发生物权变动。对于这种物权变动有关规定的解释论，同样也受到德国民法的影响，承认物权行为概念，并且一般通过这个概念来对法律规定作出解释。但是，在韩国民法中，并未对物权行为作出规定，因此，关于物权行为的概念以及适用范围问题，引发了很多的争论。这种争论主要是以物权行为的构成要素、物权行为的独立性以及无因性问题为中心展开的。最近，对于这种争论，有人提出："这难道不是因为太过佩服德国民法学的缜密性，从而甚至在都未对其进行实效性分析的状态下，展开的盲目性争论吗？"[1]随着这种对物权行为批判性见解的逐渐扩大，争论也变得愈加激烈化。

　　笔者也认为，这种论争从根本上说，是因为忽视物权行为的实益性，盲目对其引入使用，根本未考虑该概念具有的真正意义及其实效性的情况下产生的。为了使这个争论变得更有价值，在此之前，要首先考察该概念的产生过程，从而明确该制

---

　　[1]　[韩]明淳龟外四人：《Adieu，物权行为》，高丽大学出版部2006年版，第127页。

结　论

度是如何产生，为何产生，并以此为基础，来判断目前的韩国法律体制究竟是否需要这种概念以及该概念的目的与现在实际应用方向究竟是否一致等问题。

物权行为概念是经过如下过程发展而来：

罗马法中"原因"（causa）的功能主要是在通过让渡的所有权转移中，代替要式行为担当的公示性对外表示，确保所有权转移正当性。这种让渡的"原因"是从以占有为目的而获得这一心素中派生而来的，以后随着这种心素逐渐开始具备法律规定的形式，最终被称为"原因"。

后来这种"原因"被中世纪罗马法学者用方法论进行研究，从而再次被整理。他们关注了罗马法中所有权转移要求"原因"的段落和在非债清偿中进行所有权转移的段落，来尝试消除它们之间的可能出现的矛盾。在这个过程中，把"原因"分为真正原因（causa vera）和误想原因（causa putativa），并认为依靠误想原因也可以进行所有权转移，从而把非债清偿中的原因称为误想原因。通过这样的解释，"原因"完全脱离让渡概念，开始被认为是让渡的一种独立的原因。同时，按照教会法中约定约束力的有关教理，"原因"被要求作为单纯合意约束力的根据，并在这个过程中，被赋予代表当事人之间合意的意义。由此，"原因"概念从让渡中分离出来，慢慢转向债权，即当事人之间的合意。此后，经过自然法学者研究，"原因"又发展成为与作为契约的原因，即与意思的一致。这种倾向直接流入法国法界，从而形成了"原因"理论。

德国地区也与罗马法一样，引入了"原因"概念。当时的德国地区，在传统日耳曼法发展过程中，形成了有关所有权转移的不动产所有权让渡合意或登记等公示制度，确保了所有权转移的正当性。但是，德国地区的罗马法学者们，特别是以阿佩尔为中心的人文主义法学者，随着罗马法中让渡的相关法理的应用，开始尝试将现存的日耳曼法的法理与罗马法的法理相结合。在这个过程中，产生了有关所有权转移的理论——"titulus-modus"（名义—方式）理论。并且，随着之前的"原因"被此时的 titulus 所包含，"原因"则开始意味着让渡的原因，即债权等。但是，在立法过程中，这个理论与日耳曼的传统制度——公示制度相冲突，所以，引起了所有权两重性的问题。这在当时要求抵押权等信用制度的经济环境下，引发了不少的问题。普鲁士在近代法的立法过程中，努力解决这个问题，在此过程中，"titulus-modus"（名义—方式）理论则成了批判的对象。

除从现实立法方面进行完善以外，在对现存理论的批判过程中，也诞生了萨维尼的物权行为理论。萨维尼以潘德克顿体系为基础，将法律行为划分为债权行为与物权行为，运用意思主义的法律行为概念，把当事人的意思看作是两种行为的核心。并且，为了解释所有权变动中不存在债权行为的现象，萨维尼主张应当断绝债权与物权的关系，把它们分别当作是依靠各自意思进行的法律行为。这时所有权转移的"原因"并非"titulus-modus"（名义—方式）理论中的 titulus，而正是所有权转移的让渡意思，并且，该让渡意思与转移相结合，共同构成物权契约。

在德国民法的立法过程中，萨维尼的理论为确立一种既可以确保现实性（登记制度）的灵活运用，也可以保护交易当事人法律权益的法律制度提供了理论依据。为了克服登记实质审查主义的局限性和保证交易当事人的交易安全，德国民法规

结 论

定了一种被称为 Auflassung 的公证程序，从而保证了当事人之间的交易慎重性，同时，在公证的基础上行使登记形式主义审查，增加了登记程序的效率性。最终，以不动产所有权让渡合意为基准，可以断绝当事人之间的债权关系和不动产所有权让渡合意之后物权变动过程之间的效力关系，这正是萨维尼的无因性物权行为理论，为这种实务性立法内容提供了理论基础。不动产所有权让渡合意作为物权性契约，在这个过程中，当事人就所有权转移意思达成一致，同时，不动产所有权让渡合意与让渡共同构成物权行为，它是与转移的债权互相独立存在的。由此，萨维尼的理论成为现代德国民法中所有权转移的理论基础。

物权行为通过这样一种沿革的过程，经历长时间的岁月，最终发展成为现在的概念。虽然无法用一言半语来概括，但从沿革的观点来看，可以说，物权行为在历史变化与产生过程中反映了各个时代的环境，同时，其目的是完成接受新法理的在物权行为变动层面的法律定义。

从这一层面来讲，在韩国民法界展开的有关物权行为的争论，看起来是有点空泛的。事实上，可以说物权行为的实效性根本在于其无因性，即物权行为的构成要件与独立性在很大意义上也是为了讨论无因性。在对这种无因性进行讨论的过程中上，韩国民法界实际上对这种理论的法律逻辑性做了过度的努力。换句话说，事实上，物权行为的这种无因性问题的讨论，最终是在德国民法的成立过程中制定的不动产所有权让渡合意和登记制度这种现实立法内容的基础上展开的。从传统制度的整理发展与以其为目的的理论构成这个层面来看，韩国民法中物权行为无因性的讨论就是，在作为基础的传统制度存在缺陷的情况下，首先引入某种理论来强行配合缺乏基础的法律体系。这个过程最终产生了许多不必要的争论，甚至导致无意义的怀疑论的出现。

最终，如前所述，无因论为维持现存传统制度，保证公示制度功能的灵活性以及满足社会经济发展要求提供了理论根据。一种理论的讨论只有确立在现实的基础上，才具有争论的意义。因此，在当代韩国民法中展开的以物权行为为中心的争论，并不应该为了回避其真正的价值，把争论的方向中心放在对现存理论的批判上，而是要通过立法进行制度改善并作出新的规定，同时为其提供相应的理论基础。

物权行为沿革的过程，经历漫长的岁月，最终形成了现在我们所讨论的概念。事实上，一个概念是在时代的情况与环境的基础上诞生的，并随着客观环境的变化而变化、发展、消亡。可以说一个概念包含了那个时代的精神、环境及其必要性。所以，对于这个概念的应用，如果不考虑该概念的基础的话，我们则容易对这个概念进行歪曲使用。

现在韩国民法界中展开的许多有关物权行为的争论，或许就是由于这个歪曲的概念而产生的。如前所述，韩国民法界有关物权行为的争论是在因缺乏法律规定而进行的解释论过程中产生的，在这个过程中，在物权行为概念的应用方面，应当如何理解这个概念，并且，如何把这个概念应用到现在的法律规定中。对此，虽然有许多优秀的学者已经提出了相应的见解与解释论，但最终也只是导致了争论的白热化。这种现象可能就是因为，在作为最基本的工作，即就概念未达成统一见解的情况下，仅仅是从各自不同的视角来对其进行应用和解释，从而产生的问题。也就是说，应该首先对基本的概念进行定义，在

结　论

此基础上，再展开相应的讨论。基础性工作的不足是导致这种问题产生的原因。笔者认为，这种基础性工作，应当首先从回顾概念的诞生过程、法律环境的变化，同时探究概念所包含的意义开始。

参考文献

韩语著作类

1. [韩] 姜台星:《物权法》,大明出版社 2004 年版。
2. [韩] 姜台星:《民法总则》,大明出版社 2006 年版。
3. [韩] 郭润值:《民法注解》(II),博英社 1996 年版。
4. [韩] 郭润值:《物权法》,博英社 2006 年版。
5. [韩] 高翔龙;《物权法》,法文社 2006 年版。
6. [韩] 金基宣:《韩国物权法》,法文社 1985 年版。
7. [韩] 金相容:《物权法》,法文社 1994 年版。
8. [韩] 金相容:《不动产登记制度와抵当制度发展의相关关系》,博英社 2000 年版。
9. [韩] 金容汉:《物权法论》,博英社 1985 年版。
10. [韩] 金容汉:《财产法的课题与判例》,博英社 1996 年版。
11. [韩] 金曾汉、金学东:《物权法》,博英社 1997 年版。
12. [韩] 明淳龟外等:《Adieu,物权行为》,高丽大学出版部 2006 年版。
13. [韩] 宋德洙:《新民法讲义》,博英社 2008 年版。
14. [韩] 李相泰:《物权法》,法源社 2007 年版。
15. [韩] 李瑛俊:《物权法》,博英社 2009 年版。
16. [韩] 李银荣:《物权法》,博英社 2007 年版。

17. ［韩］李基相:《哲学노트》,Kachibooks2002 年版。
18. ［韩］吴世赫:《法哲学史》,世昌出版社 2005 年版。
19. ［韩］张庚鹤:《物权法》,法文社 1990 年版。
20. ［韩］池元林:《民法讲义》,弘文社 2005 年版。
21. ［韩］崔钟库:《西洋法制史》,博英社 2011 年版。
22. ［韩］崔秉祚:《罗马法·民法论考》,博英社 1999 年版。
23. ［韩］崔秉祚:《罗马法研究》(Ⅰ),首尔大学出版部 1995 年版。
24. ［韩］黄迪仁:《罗马法·西洋法制史》,博英社 1983 年版。
25. ［韩］玄胜钟·曹圭昌:《日耳曼法》,博英社 2001 年版。
26. ［韩］Seo Eul-O:《物权行为论에관한学说史의研究》,世昌出版社 2008 年版。
27. ［德］Dietrich Schwanitz:《教养》,In Sueng-Gi 译,Dulnyouk 出版社 1999 年版。
28. ［英］William Keith Chambers Guthrie:《The Greek Philosopheres-From Thales to Aristotle》,朴琮炫译,曙光社 2000 年版。
29. ［美］Robert A. O'Donnell:《Hooked on philosophy: Thonas Aquinas made easy》,Lee Jae-Yung 译,Catholic 大学出版部 2000 年版。
30. ［意］José Llompart:《法哲学의길잡이》,郑钟休译,经世院 2011 年版。
31. ［德］Josef Pieper:《Scholasticism: Personalities and Problems of Medieval Philosophy》,Kim Jin-Tae 译,Catholic 大学出版部 2003 年版。

韩语论文类

1. ［韩］高翔龙:"物权行为独自性과无因性论의再检讨小考",载《春齐玄胜钟博士华甲纪念论文集》1979 年版。
2. ［韩］姜台星:"物权行为无因性认定与否가问题되는경우",载《财产法研究》2009 年第 1 期。
3. ［韩］郭东宪:"不动产登记에关한考察",载《论文集》1969 年第

1 期。

4. ［韩］金容汉："物权行为의独自行理论"，载《学术誌》1973 年第 2 期。

5. ［韩］金曾汉："韩国民法의法制史的및比较法的研究"，载《首尔大学校法学》1968 年版。

6. ［韩］金亨培："독일民法의继受"，载《韩德法学》2004 年第 15 期。

7. ［韩］南基润："中世이탈리아에서의普通法学方法论"，载《法学论丛》2009 年第 1 期。

8. ［韩］明淳龟："이제는物权行为와작별을하자"，载《高丽法学》2007 年第 49 期。

9. ［韩］朴熙昊："原因伦形成에관한研究"，载《法学论丛》2013 年第 2 期。

10. ［韩］申有哲："中世및近代유럽의罗马法继承"，载《法学研究》2006 年第 1 期。

11. ［韩］尹真秀："物权行为에关한새로운概念"，载《民事法学》2005 年第 28 期。

12. ［韩］尹皇地："物权行为的独自性与无因性"，载《同大论丛》1989 年第 1 期。

13. ［韩］李银荣："韩国民法의变迁"，载《韩国文化研究》2005 年第 9 期。

14. ［韩］李琎基："抽象性原则"，载《法史学研究》2005 年第 32 期。

15. ［韩］郑成吉："占有权에对한一考察"，载《政策科学论丛》1986 年第 2 期。

16. ［韩］郑玉泰："物权行为의无因论"，载《高式研究》1991 年第 8 期。

17. ［韩］郑玉泰："독일民法상物权行为论에관한一考察"，载《社会科学论丛》1983 年第 11 期。

18. ［韩］郑照根："物权行为의独自性否认论"，载《高式界》1988 年

第 12 期。

19. ［韩］郑泰纶："독일의德国에서의无因의物权行为"，载《法学论集》2005 年第 2 期。

20. ［韩］郑泰纶："罗马法에서의原因论의考察"，载《梨花女子大学法学论集》2004 年第 1 期。

21. ［韩］郑泰纶："프랑스와독일에서의原因论에관한研究"，载《民事法学》2008 年第 42 期。

22. ［韩］郑泰纶："中世法学에서의causa 概念에관한研究"，载《法学论集》2006 年第 2 期。

23. ［韩］郑泰纶："民法上의原因概念과罗马法에서의causa"，载《比较私法》2007 年第 3 期。

24. ［韩］赵明来："物权变动의法理에관한研究"，东国大学 2000 年博士学位论文。

25. ［韩］池元林："사비니의法律行为论과그影响"，载《法律行为论의史的发展과课题》，博英社 1998 年版。

26. ［韩］崔主铉："不动产登记의公信力에관한小考"，载《政治论丛》1992 年第 27 期。

27. ［韩］秋信英："不动产登记簿의历史"，载《土地法学》2001 年第 17 期。

28. ［韩］洪性载："不动产物权变动论的再定立"，载《民事法学》2008 年第 2 期。

29. ［韩］洪性载："不动产物权变动理论의形成과立法의展开"，载《成均馆法学》1992 年第 1 期。

30. ［韩］Park Seung-Chan："아리스토텔레스哲学의继受와스콜라철학의发展"，载《Catholic 哲学》2001 年第 3 期。

31. ［韩］Park Seung-Chan："对形以上学对象의论争-哲学的神论 vs. 普遍的存在论"，载《中世哲学》2010 年第 16 期。

32. ［韩］Park Seung-Chan："中世学问에서의论理学의功能"，载《哲学

研究》2001 年第 1 期。

33. ［韩］Park Seung-Chan：" 스콜라哲学全盛期의三学의体制"，载《西洋古典学研究》2006 年第 25 期。

34. ［韩］Park Soo-Gon："物权行为概念에관한小考"，载《民事法学》2008 年版第 2 期。

35. ［韩］Hong Bong-Joo："不动产公示方法의历史에关한比较法的考察"，载《一鉴法学》2009 年第 15 期。

36. ［韩］Byun Woo-Joo："독일民法成立이전의不动产物权变动法理의展开"，载《法学研究》2009 年第 34 卷。

37. ［韩］Park Soo-Gon："物权行为概念에관한小考"，载《民事法学》2008 年第 2 期。

38. ［韩］Seo Eul-O："债权法의学说史的基础研究（Ⅰ）"，载《法史学研究》2004 年第 30 期。

39. ［韩］Seo Eul-O："中世哲学에对한아리스토텔레스의影响"，载《法哲学研究》2004 年第 2 期。

中文著作和论文类

1. 戴东雄：《中世纪意大利法学与德国的继受罗马法》，中国政法大学出版社 2003 年版。
2. 周枏：《罗马法原论（上册）》，商务印书馆 1994 年版。
3. 周枏：《罗马法原论（下册）》，商务印书馆 1994 年版。
4. 江平、米健：《罗马法基础》，中国政法大学出版社 2004 年版。
5. 何勤华：《西方法学史》，中国政法大学出版社 1996 年版。
6. 徐涤宇：《原因理论研究》，中国政法大学出版社 2005 年版。
7. 王泽鉴：《民法物权》，北京大学出版社 2010 年版。
8. 赵冀韬：《负担行为与处分行为的区分》，法律出版社 2006 年版。
9. 于海涌：《绝对物权行为理论与物权法律制度研究》，北京大学出版社 2006 年版。

10. 张康林:《物权行为无因性理论研究》,中国政法大学出版社 2009 年版。

11. [古罗马]尤士丁尼:《学说汇纂》(第 41 卷),贾婉婷译,中国政法大学出版社 2011 年版。

12. [古罗马]盖尤斯:《盖尤斯法学阶梯》,黄风译,中国政法大学出版社 2008 年版。

13. [英]巴里·尼古拉斯:《罗马法概论》,黄风译,法律出版社 2010 年版。

14. [英]H. F. 乔洛维茨、巴里·尼古拉斯:《罗马法研究历史导论》,薛军译,商务印书馆 2013 年版。

15. [意]朱塞佩·格罗索:《罗马法史》,黄风译,中国政法大学出版社 2009 年版。

16. [意]彼德罗·彭梵得:《罗马法教科书》,黄风译,法律出版社 2010 年版。

17. [意]桑德罗·斯奇巴尼选编:《物与物权》,范怀俊、费安玲译,中国政法大学出版社 2009 年版。

18. [德]维尔纳·弗卢梅:《法律行为论》,迟颖译,法律出版社 2013 年版。

19. [德]萨维尼:《当代罗马法体系》(I),朱虎译,中国法制出版社 2010 年版。

20. [美]哈罗德·J. 伯尔曼:《法学与革命》(第 1 卷),贺卫方等译,法律出版社 2018 年版。

21. 朴常赫:"物权的期待权的前提条件与其实益——以韩国民法为中心",载《河北法学》2014 年第 10 期。

其他语言著作和论文

1. [日]黄濑稔:"无因性理论について一考察－ドイツ普通法学における所有権让渡理论を中ふとして",载《法学论丛》1965 年第 2 期。

2. [日] 原岛重义:"无因性确定の意义につい-无因性の概念研究",载《法政研究》1957年第1期。
3. [日] 黄濑稔:"无因性理论について一考察-ドイツ普通法学における所有权让渡理论を中ふとして",载《法学论丛》1965年第2期。
4. [日] 小西飞鸟:"ドイツ不动产法における实质的审查主义-历史的经过をたどって",载《法学政治学论究》1996年第23期。
5. [日] 好美晴好:"jus ad rem とその発展的消滅ー特定物債権の保護強化の一断面",载《一橋大学法学研究》1961年第3期。
6. [日] 野田龙一:"サヴィニーとプロイセン一般ラント法",载《法政研究》1981年第48期。
7. [日] 石田喜久夫:"引渡主义について物权行为の理解のために",载《民商法杂志》1981年第31期。
8. [日] 有川哲夫:"土地所有权取得法（1872년）研究（三）",载《名城法学》1973年第22期。
9. [日] 泷泽聿代:《物权变动の理论》,有斐阁1987年版。